Sabores de Tailandia

Un Viaje Culinario a la Esencia de la Cocina Thai

Ana Sánchez

Indice

Gambas con salsa de lichi 10
Camarones fritos con mandarina 11
Gambas con salsa picada 12
Gambas con setas chinas 14
Camarones fritos y guisantes 15
Langostinos con chutney de mango 16
Albóndigas de gambas fritas con salsa de cebolla 18
Gambas mandarinas con guisantes 19
Langostinos a la pequinesa 20
Gambas al pimentón 21
Camarones asados con cerdo 22
Langostinos fritos con salsa de jerez 23
camarones fritos con sésamo 24
Camarones al vapor con conchas 25
Camarón frito 26
tempura de camarones 27
debajo de la goma 28
Gambas con tofu 29
Gambas con tomate 30
Gambas con salsa de tomate 31
Gambas con tomate y salsa picante 32
Camarones fritos con salsa de tomate 33
Gambas con verduras 34
Gambas con castañas de agua 35
wonton de camarones 36
mejillones con pollo 37
Abulón con espárragos 38
Abulón con champiñones 40
Abulón con salsa de ostras 40
almejas al vapor 41
Mejillones con brotes de soja 42
Mejillones con jengibre y ajo 43

almejas al vapor... *44*
pasteles de cangrejo.. *45*
crema de cangrejo *46*
Carne de cangrejo chino con hojas *47*
Cangrejo Foo Yung con brotes de soja *48*
cangrejo de jengibre *49*
Cangrejo Lo Mein... *50*
Cangrejo salteado con cerdo *51*
Carne de cangrejo salteada... *52*
Albóndigas de pulpo frito *53*
Langosta Cantonesa *54*
langosta frita... *55*
Langosta al vapor con jamón *56*
Langosta con champiñones... *57*
Colas de langosta con cerdo.. *58*
langosta al vapor *60*
nidos de langosta *61*
Mejillones en salsa de frijoles negros..................................... *62*
mejillones con jengibre *63*
almejas al vapor.. *64*
ostras fritas *65*
Ostras con tocino.. *66*
Ostras fritas con jengibre *67*
Ostras con salsa de frijol negro.. *68*
Vieiras con brotes de bambú *69*
vieiras con huevos... *70*
Vieiras con brócoli.. *71*
vieiras con jengibre *73*
mejillones con jamón *74*
Revuelto de mejillones y hierbas *75*
mejillones y cebollas al vapor *76*
vieiras con verduras.. *77*
Vieiras a la pimienta... *78*
Pulpo con brotes de soja... *79*
pulpo frito *80*
Paquetes de pulpo.. *81*

Calamares fritos	83
pulpo al vapor	84
Pulpo con hongos secos	85
pulpo con verduras	86
Goulash de ternera con anís	87
Ternera con espárragos	88
Ternera con brotes de bambú	89
Ternera con brotes de bambú y champiñones	90
estofado de ternera china	91
Ternera con brotes de soja	92
Ternera con brócoli	93
Carne de sésamo con brócoli	94
Carne a la parrilla	96
carne cantonesa	97
Ternera con zanahorias	98
Ternera con anacardos	99
Carne de res en olla de cocción lenta	100
Ternera con coliflor	101
ternera con apio	102
Rebanadas de ternera frita con apio	103
Lonchas de ternera con pollo y apio	104
carne con chile	105
Ternera con col china	107
Chop Suey De Ternera	108
ternera con pepino	109
chow mein de carne	110
filete de pepino	112
curry de carne asada	113
mejillones marinados	114
Guisamos los brotes de bambú	116
Encurtido De Pollo	117
pollo al sésamo	118
Lichi con jengibre	119
Alitas de pollo hervidas rojas	120
Carne de cangrejo con pepino	121
Las setas marinadas	122

Champiñones al ajillo marinados 123
Camarones y Coliflor 124
Palitos de jamón con sésamo 125
tofu frio 126
pollo con tocino 127
Papas Fritas De Pollo Y Plátano 128
Pollo con jengibre y champiñones 129
pollo y jamon 131
Hígado de pollo a la parrilla 132
Bolas de cangrejo con castañas de agua 133
suma tenue 134
Rollitos de jamón y pollo 135
Tirabuzones de jamón al horno 137
pescado pseudo ahumado 138
champiñones guisados 140
Champiñones en salsa de ostras 141
Rollitos de cerdo y ensalada 142
Albóndigas de cerdo y castañas 144
bolas de cerdo 145
Albóndigas de cerdo y ternera 146
camarones mariposa 147
camarones chinos 148
nubes de dragón 149
camarones crujientes 150
Gambas con salsa de jengibre 151
Rollitos con gambas y fideos 152
tostadas de camarones 154
Wonton de cerdo y gambas con salsa agridulce 155
Sopa de pollo 157
Sopa De Brotes De Cerdo Y Frijoles 158
Sopa de abulón y champiñones 159
Sopa de pollo y espárragos 161
Sopa de res 162
Sopa china de carne y hojas 163
Sopa de repollo 164
Sopa picante de ternera 165

sopa celestial 167
Sopa con pollo y brotes de bambú 168
Sopa de pollo y maíz 169
Sopa de pollo y jengibre 170
Sopa china de pollo con champiñones 171
sopa de pollo y arroz 172
sopa de pollo y coco 173
sopa de mejillones 174
sopa de huevo 175
Sopa de cangrejo y vieiras 176
sopa de cangrejo 178
Sopa de pescado 179
Sopa de pescado y ensalada 180
Sopa de jengibre con albóndigas 182
sopa caliente y amarga 183
Sopa de champiñones 184
Sopa de champiñones y col 185
Sopa de huevo con champiñones 186
Sopa de setas y castañas con agua 187
Sopa de cerdo y champiñones 188
Sopa de cerdo y berros 189
Sopa De Pepino De Cerdo 190
Sopa con albóndigas y fideos 191
Sopa de espinacas y tofu 192
Jus de maíz dulce y cangrejo 193
Sopa Szechuan 194
sopa de tofu 196
Sopa de pescado y tofu 197
sopa de tomate 198
Sopa de tomate y espinacas 199
sopa de nabo 200
Sopa 201
sopa vegetariana 202
sopa de berro 203
pescado frito con verduras 204
pescado entero al horno 206

pescado de soja al vapor *207*
Pescado de soja con salsa de ostras *208*
lubina al vapor *210*
Pescado guisado con champiñones *211*
pescado agridulce *213*
pescado relleno de cerdo *215*
Carpa picante al vapor *217*

Gambas con salsa de lichi

Servidor 4

50 g / 2 oz / ½ una taza (universal)

Harina

2,5 ml / ½ cucharadita de sal

1 huevo, ligeramente batido

30 ml / 2 cucharadas de agua

450 g de gambas peladas

freír aceite

30 ml / 2 cucharadas de aceite de maní.

2 rodajas de raíz de jengibre, picadas

30 ml / 2 cucharadas de vinagre de vino

5 ml / 1 cucharadita de azúcar

2,5 ml / ½ cucharadita de sal

15 ml / 1 cucharada de salsa de soja

200 g de lichis enlatados, escurridos

Batir la harina, la sal, el huevo y el agua hasta obtener una masa, agregando más si es necesario. un poco de agua. Mezcle con los camarones hasta que estén bien cubiertos. Calienta el aceite y fríe los camarones durante unos minutos hasta que estén dorados y crujientes. Escurrir sobre papel de cocina y colocar en un recipiente tibio. Mientras tanto, calienta el aceite y fríe el jengibre durante 1 minuto. Agregue vinagre de vino, azúcar, sal y salsa de soya. Agregue los lichis y revuelva hasta que estén calientes y cubiertos con la salsa. Vierta sobre los camarones y sirva inmediatamente.

Camarones fritos con mandarina

Servidor 4

60 ml / 4 cucharadas de aceite de maní (maní).
1 diente de ajo, machacado
1 rodaja de raíz de jengibre, picada
450 g de gambas peladas
30 ml / 2 cucharadas de vino de arroz o jerez seco 30 ml / 2 cucharadas de salsa de soja
15 ml / 1 cucharada de harina de maíz (fécula de maíz)
45 ml / 3 cucharadas de agua

Calienta el aceite y fríe el ajo y el jengibre hasta que estén dorados. Agregue los camarones y saltee por 1 minuto. Agregue el vino o el jerez y mezcle bien. Agregue la salsa de soja, la maicena y el agua y saltee durante 2 minutos.

Gambas con salsa picada

Servidor 4

5 hongos chinos secos

225 g de brotes de soja

60 ml / 4 cucharadas de aceite de maní (maní).

5 ml / 1 cucharadita de sal

2 tallos de apio, picados

4 cebolletas (cebolletas), picadas

2 dientes de ajo, picados

2 rodajas de raíz de jengibre, picadas

60 ml / 4 cucharadas de agua

15 ml / 1 cucharada de salsa de soja

15 ml / 1 cucharada de vino de arroz o jerez seco

225 g / 8 oz Mangetout (guisantes)

225 g de gambas peladas

15 ml / 1 cucharada de harina de maíz (fécula de maíz)

Remoje los champiñones en agua tibia durante 30 minutos, luego escúrralos. Retire los tallos y corte las puntas. Hervir los brotes de soja en agua hirviendo durante 5 minutos y escurrir bien. Caliente la mitad del aceite y fría la sal, el apio, la cebolla tierna y los brotes de soja durante 1 minuto, luego retírelos de la sartén. Calienta el aceite restante y fríe el ajo y el jengibre hasta que estén dorados. Añada la mitad del agua, la salsa de soja, el vino o el jerez, los guisantes y las gambas, hierva y cocine a fuego lento durante 3 minutos. Mezcle la maicena y el agua restante en una pasta, agregue a la sartén y cocine, revolviendo constantemente, hasta que la salsa espese. Regrese las verduras a la sartén, cocine hasta que estén calientes. Servir inmediatamente.

Gambas con setas chinas

Servidor 4

8 hongos chinos secos
45 ml / 3 cucharadas de aceite de maní (maní).
3 rebanadas de raíz de jengibre, picadas
450 g de gambas peladas
15 ml / 1 cucharada de salsa de soja
5 ml / 1 cucharadita de sal
60 ml / 4 cucharadas de caldo de pescado

Remoje los champiñones en agua tibia durante 30 minutos, luego escúrralos. Retire los tallos y corte las puntas. Calienta la mitad del aceite y fríe el jengibre hasta que esté dorado. Agregue las gambas, la salsa de soja y la sal y saltee hasta que estén cubiertas de aceite, luego retírelas de la sartén. Calienta el aceite restante y fríe los champiñones hasta que estén cubiertos de aceite. Vierta el caldo, hierva, cubra con una tapa y cocine a fuego lento durante 3 minutos. Regrese los camarones a la sartén y revuelva hasta que se calienten.

Camarones fritos y guisantes

Servidor 4

450 g de gambas peladas
5 ml / 1 cucharadita de aceite de sésamo
5 ml / 1 cucharadita de sal
30 ml / 2 cucharadas de aceite de maní.
1 diente de ajo, machacado
1 rodaja de raíz de jengibre, picada
225 g de guisantes congelados o escaldados, descongelados
4 cebolletas (cebolletas), picadas
30 ml / 2 cucharadas de agua
sal y pimienta

Mezclar los camarones con aceite de sésamo y sal. Calienta el aceite y fríe el ajo y el jengibre durante 1 minuto. Agrega los camarones y fríe por 2 minutos. Añadir los guisantes y saltear durante 1 minuto. Agrega las cebolletas y el agua y sazona con sal y pimienta y un poco más de aceite de sésamo al gusto. Vuelva a calentar, revuelva suavemente antes de servir.

Langostinos con chutney de mango

Servidor 4

12 camarones

sal y pimienta

jugo de 1 limon

30 ml / 2 cucharadas de harina de maíz (fécula de maíz)

1 mango

5 ml / 1 cucharadita de mostaza en polvo

5 ml / 1 cucharadita de miel

30 ml / 2 cucharadas de crema de coco

30 ml / 2 cucharadas de curry suave

120 ml / 4 fl oz / ¬Ω taza de caldo de pollo

45 ml / 3 cucharadas de aceite de maní (maní).

2 dientes de ajo, picados

2 cebolletas (cebolletas), picadas

1 hinojo, picado

100 g de chutney de mango

Pelar los camarones, dejando las colas intactas. Sazone con sal, pimienta y jugo de limón, luego espolvoree con la mitad de la maicena. Pela el mango, corta la pulpa del hueso y luego corta la pulpa en dados. Agregue la mostaza, la miel, la crema de coco, el curry en polvo, la maicena restante y el caldo. Calentar la mitad del aceite y sofreír el ajo, la cebolleta y el hinojo durante 2 minutos. Agregue el caldo, lleve a ebullición y cocine por 1 minuto. Agregue los cubos de mango y la salsa picante y vuelva a calentar a fuego lento, luego transfiéralo a un plato para servir tibio. Calienta el resto del aceite y fríe las gambas durante 2 minutos. Colocar encima de las verduras y servir inmediatamente.

Albóndigas de gambas fritas con salsa de cebolla

Servidor 4

3 huevos, ligeramente batidos
45 ml / 3 cucharadas de harina (todo uso).
sal y pimienta recién molida
450 g de gambas peladas
freír aceite
15 ml / 1 cucharada de aceite de cacahuete (maní).
2 cebollas, picadas
15 ml / 1 cucharada de harina de maíz (fécula de maíz)
30 ml / 2 cucharadas de salsa de soja
175 ml / 6 fl oz / ¬œ taza de agua

Mezclar los huevos, la harina, la sal y la pimienta. Sumerja los camarones en la masa. Calienta el aceite y fríe los camarones hasta que estén dorados. Mientras tanto, calienta el aceite y fríe la cebolla en él durante 1 minuto. Mezcle los demás ingredientes hasta obtener una pasta, agregue la cebolla y cocine, revolviendo constantemente, hasta que la salsa espese. Escurra los camarones y colóquelos en un recipiente tibio. Verter sobre la salsa y servir inmediatamente.

Gambas mandarinas con guisantes

Servidor 4

60 ml / 4 cucharadas de aceite de maní (maní).
1 diente de ajo, picado
1 rodaja de raíz de jengibre, picada
450 g de gambas peladas
30 ml / 2 cucharadas de vino de arroz o jerez seco
225 g de guisantes congelados, descongelados
30 ml / 2 cucharadas de salsa de soja
15 ml / 1 cucharada de harina de maíz (fécula de maíz)
45 ml / 3 cucharadas de agua

Calienta el aceite y fríe el ajo y el jengibre hasta que estén dorados. Agregue los camarones y saltee por 1 minuto. Agregue el vino o el jerez y mezcle bien. Añadir los guisantes y saltear durante 5 minutos. Agregue el resto de los ingredientes y saltee por 2 minutos.

Langostinos a la pequinesa

Servidor 4

30 ml / 2 cucharadas de aceite de maní.

2 dientes de ajo, picados

1 rodaja de raíz de jengibre, finamente picada

225 g de gambas peladas

4 cebollines (cebolletas), en rodajas gruesas

120 ml / 4 fl oz / ¬Ω taza de caldo de pollo

5 ml / 1 cucharadita de azúcar moreno

5 ml / 1 cucharadita de salsa de soja

5 ml / 1 cucharadita de salsa hoisin

5 ml / 1 cucharadita de salsa tabasco

Calentar el aceite con el ajo y el jengibre y sofreír hasta que el ajo esté ligeramente dorado. Agregue los camarones y saltee por 1 minuto. Agregue las cebolletas y saltee durante 1 minuto. Agregue los ingredientes restantes, hierva, cubra y cocine por 4 minutos, revolviendo ocasionalmente. Revisa la sazón y agrega un poco más de Tabasco si gustas.

Gambas al pimentón

Servidor 4

30 ml / 2 cucharadas de aceite de maní.

1 pimiento verde, cortado en trozos

450 g de gambas peladas

10 ml / 2 cucharaditas de harina de maíz (fécula de maíz)

60 ml / 4 cucharadas de agua

5 ml / 1 cucharadita de vino de arroz o jerez seco

2,5 ml / ¬Ω cucharadita de sal

45 ml / 2 cucharadas de pasta de tomate √ © e (pasta)

Calentar el aceite y sofreír el pimiento durante 2 minutos. Agregue los camarones y la pasta de tomate y mezcle bien. Mezcle el agua de harina de maíz, el vino o el jerez y la sal hasta formar una pasta, agréguela a la sartén y cocine, revolviendo, hasta que la salsa esté clara y espesa.

Camarones asados con cerdo

Servidor 4

225 g de gambas peladas
100 g de carne de cerdo magra, picada
60 ml / 4 cucharadas de vino de arroz o jerez seco
1 clara de huevo
45 ml / 3 cucharadas de harina de maíz (fécula de maíz)
5 ml / 1 cucharadita de sal
15 ml / 1 cucharada de agua (opcional)
90 ml / 6 cucharadas de aceite de maní.
45 ml / 3 cucharadas de caldo de pescado
5 ml / 1 cucharadita de aceite de sésamo

Coloque los camarones y la carne de cerdo en tazones separados. Mezcle 45 ml / 3 cucharadas de vino o jerez, clara de huevo, 30 ml / 2 cucharadas de maicena y sal hasta que quede suave, agregando agua si es necesario. Divida la mezcla entre la carne de cerdo y los camarones y mezcle bien para cubrir uniformemente. Calienta el aceite y fríe el cerdo y los camarones durante unos minutos hasta que estén dorados. Retire de la sartén y vierta todo menos 15 ml / 1 cucharada de aceite. Añadir el caldo a la sartén con el resto del vino o jerez y la maicena. Llevar a ebullición y cocinar, revolviendo constantemente, hasta que la salsa espese. Vierta sobre los camarones y el cerdo y sirva rociado con aceite de sésamo.

Langostinos fritos con salsa de jerez

Servidor 4

50 g / 2 oz / ¬Ω taza de harina para todo uso.

2,5 ml / ¬Ω cucharadita de sal

1 huevo, ligeramente batido

30 ml / 2 cucharadas de agua

450 g de gambas peladas

freír aceite

15 ml / 1 cucharada de aceite de cacahuete (maní).

1 cebolla, finamente picada

45 ml / 3 cucharadas de vino de arroz o jerez seco

15 ml / 1 cucharada de salsa de soja

120 ml / 4 fl oz / ¬Ω taza de caldo de pescado

10 ml / 2 cucharaditas de harina de maíz (fécula de maíz)

30 ml / 2 cucharadas de agua

Batir la harina, la sal, el huevo y el agua hasta obtener una masa, agregando más si es necesario. un poco de agua. Mezcle con los camarones hasta que estén bien cubiertos. Calienta el aceite y fríe los camarones durante unos minutos hasta que estén dorados y crujientes. Escurrir sobre papel de cocina y colocar en un recipiente tibio. Mientras tanto, calienta el aceite y fríe la cebolla hasta que esté blanda. Añadir el vino o jerez, la salsa de soja y el caldo, llevar a ebullición y cocinar durante 4 minutos. Agregue la harina de maíz y el agua hasta que se forme una pasta, revuelva en la sartén y cocine a fuego lento, revolviendo constantemente, hasta que la salsa esté clara y espesa. Vierta la salsa sobre los camarones y sirva.

camarones fritos con sésamo

Servidor 4

450 g de gambas peladas
¬Ω clara de huevo
5 ml / 1 cucharadita de salsa de soja
5 ml / 1 cucharadita de aceite de sésamo
50 g / 2 oz / ¬Ω taza de harina de maíz (fécula de maíz)
sal y pimienta blanca recién molida
freír aceite
60 ml / 4 cucharadas de semillas de sésamo
Hojas de lechuga

Mezcla los camarones con la clara de huevo, la salsa de soja, el aceite de sésamo, la maicena, la sal y la pimienta. Si la mezcla es demasiado espesa, agregue un poco de agua. Calienta el aceite y fríe las gambas durante unos minutos hasta que estén ligeramente doradas. Mientras tanto, tueste brevemente las semillas de sésamo en una sartén seca hasta que estén doradas. Escurrir las gambas y mezclar con las semillas de sésamo. Servir sobre una cama de ensalada.

Camarones al vapor con conchas

Servidor 4

60 ml / 4 cucharadas de aceite de maní (maní).
750 g / 1¬Ω lb camarones sin cáscara
3 cebolletas (cebolletas), picadas
3 rebanadas de raíz de jengibre, picadas
2,5 ml / ¬Ω cucharadita de sal
15 ml / 1 cucharada de vino de arroz o jerez seco
120 ml / 4 fl oz / ¬Ω taza de salsa de tomate (ketchup)
15 ml / 1 cucharada de salsa de soja
15 ml / 1 cucharada de azúcar

15 ml / 1 cucharada de harina de maíz (fécula de maíz)

60 ml / 4 cucharadas de agua

Calienta el aceite y fríe las gambas durante 1 minuto si están cocidas o hasta que estén rosadas si están crudas. Agregue las cebolletas, el jengibre, la sal y el vino o jerez y saltee durante 1 minuto. Agregue el ketchup, la salsa de soja y el azúcar y saltee durante 1 minuto. Mezcle la maicena y el agua, vierta en la sartén y cocine, revolviendo constantemente, hasta que la salsa se aclare y espese.

Camarón frito

Servidor 4

75 g / 3 oz / taza colmada de harina de maíz (fécula de maíz)

1 clara de huevo

5 ml / 1 cucharadita de vino de arroz o jerez seco

Sal

350 g de gambas peladas

freír aceite

Bate la maicena, la clara de huevo, el vino o el jerez y una pizca de sal hasta formar una masa espesa. Sumerja los camarones en la masa hasta que estén bien cubiertos. Calienta el aceite hasta que esté bien caliente y fríe las gambas durante unos minutos hasta que estén doradas. Retire del aceite, caliente hasta que esté caliente, luego fría las gambas de nuevo hasta que estén doradas y crujientes.

tempura de camarones

Servidor 4

450 g de gambas peladas
30 ml / 2 cucharadas de harina (todo uso).
30 ml / 2 cucharadas de harina de maíz (fécula de maíz)
30 ml / 2 cucharadas de agua
2 huevos batidos
freír aceite

Cortar las gambas por la mitad por el arco interior y abrirlas para que se forme una mariposa. Mezcle la harina, la maicena y el agua en una masa, luego agregue el huevo. Calienta el aceite y fríe los camarones hasta que estén dorados.

debajo de la goma

Servidor 4

30 ml / 2 cucharadas de aceite de maní.

2 cebolletas (cebolletas), picadas

1 diente de ajo, machacado

1 rodaja de raíz de jengibre, picada

100 g de pechuga de pollo, cortada en tiras

100 g de jamón, cortado en tiras

100 g de brotes de bambú cortados en tiras

100 g de castañas de agua cortadas en tiras

225 g de gambas peladas

30 ml / 2 cucharadas de salsa de soja

30 ml / 2 cucharadas de vino de arroz o jerez seco

5 ml / 1 cucharadita de sal

5 ml / 1 cucharadita de azúcar

5 ml / 1 cucharadita de harina de maíz (fécula de maíz)

Calienta el aceite y fríe la cebolla tierna, el ajo y el jengibre hasta que estén dorados. Agregue el pollo y saltee por 1 minuto. Agregue el jamón, los brotes de bambú y las castañas de agua y saltee durante 3 minutos. Agregue los camarones y saltee por 1 minuto. Agregue salsa de soya, vino o jerez, sal y azúcar y saltee por 2 minutos. Mezcle la maicena con un poco de agua, vierta en la sartén y cocine a fuego lento, revolviendo, durante 2 minutos.

Gambas con tofu

Servidor 4

45 ml / 3 cucharadas de aceite de maní (maní).

225 g de tofu cortado en dados

1 cebolla tierna (cebollín), picada

1 diente de ajo, machacado

15 ml / 1 cucharada de salsa de soja

5 ml / 1 cucharadita de azúcar

90 ml / 6 cucharadas de caldo de pescado

225 g de gambas peladas

15 ml / 1 cucharada de harina de maíz (fécula de maíz)

45 ml / 3 cucharadas de agua

Caliente la mitad del aceite y fría el tofu hasta que esté ligeramente dorado, luego retírelo de la sartén. Calentar el aceite restante y sofreír las cebolletas y los ajos hasta que estén dorados. Añadir la salsa de soja, el azúcar y el caldo y llevar a ebullición. Agregue los camarones y saltee durante 3 minutos a fuego lento. Mezcle la harina de maíz y el agua hasta formar una pasta, agréguela a la sartén y cocine, revolviendo constantemente, hasta que la salsa espese. Regrese el tofu a la sartén y cocine a fuego lento hasta que se caliente.

Gambas con tomate

Servidor 4

2 claras de huevo
30 ml / 2 cucharadas de harina de maíz (fécula de maíz)
5 ml / 1 cucharadita de sal
450 g de gambas peladas
freír aceite
30 ml / 2 cucharadas de vino de arroz o jerez seco
225 g de tomates, pelados, sin semillas y picados

Mezcla las claras de huevo, la maicena y la sal. Agregue los camarones hasta que estén bien cubiertos. Calienta el aceite y fríe las gambas hasta que estén cocidas. Vierta todo menos 15 ml/1 cucharada de aceite y caliente. Añadir el vino o el jerez y los tomates y llevar a ebullición. Agregue los camarones y vuelva a calentar rápidamente antes de servir.

Gambas con salsa de tomate

Servidor 4

30 ml / 2 cucharadas de aceite de maní.

1 diente de ajo, machacado

2 rodajas de raíz de jengibre, picadas

2,5 ml / ¬Ω cucharadita de sal

15 ml / 1 cucharada de vino de arroz o jerez seco

15 ml / 1 cucharada de salsa de soja

6 ml / 4 cucharadas de ketchup (salsa de tomate)

120 ml / 4 fl oz / ¬Ω taza de caldo de pescado

350 g de gambas peladas

10 ml / 2 cucharaditas de harina de maíz (fécula de maíz)

30 ml / 2 cucharadas de agua

Calentar el aceite y sofreír el ajo, el jengibre y la sal durante 2 minutos. Agregue vino o jerez, salsa de soya, ketchup y caldo y deje hervir. Agrega los camarones, tapa y cocina por 2 minutos. Mezcle la harina de maíz y el agua en una masa, vierta en la sartén y cocine a fuego lento, revolviendo constantemente, hasta que la salsa brille y espese.

Gambas con tomate y salsa picante

Servidor 4

60 ml / 4 cucharadas de aceite de maní (maní).

15 ml / 1 cucharada de jengibre molido

15 ml / 1 cucharada de ajo picado

15 ml / 1 cucharada de cebollín picado

60 ml / 4 cucharadas de pasta de tomate √ © e (pasta)

15 ml / 1 cucharada de salsa picante

450 g de gambas peladas

15 ml / 1 cucharada de harina de maíz (fécula de maíz)

15 ml / 1 cucharada de agua

Calentar el aceite y sofreír el jengibre, el ajo y las cebolletas durante 1 minuto. Agregue la pasta de tomate y la salsa picante y mezcle bien. Agrega los camarones y fríe por 2 minutos. Mezcle la harina de maíz y el agua hasta que quede suave, revuelva en la sartén y cocine hasta que la salsa espese. Servir inmediatamente.

Camarones fritos con salsa de tomate

Servidor 4

50 g / 2 oz / ½ taza de harina para todo uso.

2,5 ml / ½ cucharadita de sal

1 huevo, ligeramente batido

30 ml / 2 cucharadas de agua

450 g de gambas peladas

freír aceite

30 ml / 2 cucharadas de aceite de maní.

1 cebolla, finamente picada

2 rodajas de raíz de jengibre, picadas

75 ml / 5 cucharadas de ketchup (salsa de tomate)

10 ml / 2 cucharaditas de harina de maíz (fécula de maíz)

30 ml / 2 cucharadas de agua

Batir la harina, la sal, el huevo y el agua hasta obtener una masa, agregando más si es necesario. un poco de agua. Mezcle con los camarones hasta que estén bien cubiertos. Calienta el aceite y fríe los camarones durante unos minutos hasta que estén dorados y crujientes. Escurrir sobre papel de cocina.

Mientras tanto, calienta el aceite y fríe la cebolla y el jengibre hasta que estén tiernos. Agregue el ketchup y cocine por 3 minutos. Mezcle la harina de maíz y el agua hasta formar una pasta, agréguela a la sartén y cocine, revolviendo constantemente, hasta que la salsa espese. Agregue los camarones a la sartén y cocine hasta que estén bien calientes. Servir inmediatamente.

Gambas con verduras

Servidor 4

15 ml / 1 cucharada de aceite de cacahuete (maní).

225 g / 8 oz floretes de brócoli

225 g de champiñones

225 g de brotes de bambú cortados en rodajas

450 g de gambas peladas

120 ml / 4 fl oz / ½ taza de caldo de pollo

5 ml / 1 cucharadita de harina de maíz (fécula de maíz)

5 ml / 1 cucharadita de salsa de ostras

2,5 ml / ½ cucharadita de azúcar

2,5 ml / ½ cucharadita de raíz de jengibre rallada

una pizca de pimienta recién molida

Calienta el aceite y fríe el brócoli durante 1 minuto. Agregue los champiñones y los brotes de bambú y saltee durante 2 minutos. Agrega los camarones y fríe por 2 minutos. Mezclar los demás ingredientes y agregar a la mezcla de camarones. Lleve a ebullición, revolviendo constantemente, y cocine por 1 minuto, revolviendo constantemente.

Gambas con castañas de agua

Servidor 4

60 ml / 4 cucharadas de aceite de maní (maní).
1 diente de ajo, picado
1 rodaja de raíz de jengibre, picada
450 g de gambas peladas
30 ml / 2 cucharadas de vino de arroz o jerez seco 225 g / 8 oz de castañas de agua en rodajas
30 ml / 2 cucharadas de salsa de soja
15 ml / 1 cucharada de harina de maíz (fécula de maíz)
45 ml / 3 cucharadas de agua

Calienta el aceite y fríe el ajo y el jengibre hasta que estén dorados. Agregue los camarones y saltee por 1 minuto. Agregue el vino o el jerez y mezcle bien. Añadir las castañas de agua y saltear durante 5 minutos. Agregue el resto de los ingredientes y saltee por 2 minutos.

wonton de camarones

Servidor 4

450 g de gambas peladas y troceadas
225 g de verduras mixtas picadas
15 ml / 1 cucharada de salsa de soja
2,5 ml / ¬Ω cucharadita de sal
unas gotas de aceite de sésamo
40 pieles wonton
freír aceite

Mezcla los camarones, las verduras, la salsa de soja, la sal y el aceite de sésamo.

Para doblar los wontons, sujete la piel con la palma de la mano izquierda y vierta un poco del relleno en el centro. Humedecer los bordes con huevo y doblar la piel en forma de triángulo, sellando los bordes. Humedece las esquinas con huevo y enróllalas.

Calentar el aceite y freír los wontons unos pocos a la vez hasta que estén dorados. Escurrir bien antes de servir.

mejillones con pollo

Servidor 4

400 g de mejillones en conserva
30 ml / 2 cucharadas de aceite de maní.
100 g de pechuga de pollo cortada en cubos
100 g de brotes de bambú, cortados en rodajas
250 ml / 8 fl oz / 1 taza de caldo de pescado
15 ml / 1 cucharada de vino de arroz o jerez seco
5 ml / 1 cucharadita de azúcar
2,5 ml / ¬Ω cucharadita de sal

15 ml / 1 cucharada de harina de maíz (fécula de maíz)

45 ml / 3 cucharadas de agua

Escurrir y trocear los mejillones, reservando el jugo. Calienta el aceite y fríe el pollo hasta que adquiera un color claro. Agregue los mejillones y los brotes de bambú y saltee durante 1 minuto. Añadir el caldo de almejas, el caldo, el vino o jerez, el azúcar y la sal, llevar a ebullición y cocinar durante 2 minutos. Mezcle la harina de maíz y el agua en una pasta y cocine a fuego lento, revolviendo constantemente, hasta que la salsa se aclare y espese. Servir inmediatamente.

Abulón con espárragos

Servidor 4

10 hongos chinos secos

30 ml / 2 cucharadas de aceite de maní.

15 ml / 1 cucharada de agua

225 g de espárragos

2,5 ml / ¬Ω cucharadita de salsa de pescado

15 ml / 1 cucharada de harina de maíz (fécula de maíz)
225 g / 8 oz lata de abulón, en rodajas
60 ml / 4 cucharadas de caldo
¬Ω zanahoria pequeña, cortada en rodajas
5 ml / 1 cucharadita de salsa de soja
5 ml / 1 cucharadita de salsa de ostras
5 ml / 1 cucharadita de vino de arroz o jerez seco

Remoje los champiñones en agua tibia durante 30 minutos, luego escúrralos. Deseche los tallos. Calentar 15 ml / 1 cucharada de aceite con agua y freír los sombreros de champiñones durante 10 minutos. Mientras tanto, cuece los espárragos en agua hirviendo con la salsa de pescado y 1 cucharadita/5 ml de maicena hasta que estén tiernos. Escurra bien y guarde en un recipiente tibio con los champiñones. Manténgalos calientes. Caliente el aceite restante y fría los mejillones durante unos segundos, luego agregue el caldo, las zanahorias, la salsa de soja, la salsa de ostras, el vino o jerez y la maicena restante. Cocine por unos 5 minutos hasta que esté cocido, luego agregue los espárragos y sirva.

Abulón con champiñones

Servidor 4

6 hongos chinos secos
400 g de mejillones en conserva
45 ml / 3 cucharadas de aceite de maní (maní).
2,5 ml / ¬Ω cucharadita de sal
15 ml / 1 cucharada de vino de arroz o jerez seco
3 cebollines (cebolletas), en rodajas gruesas

Remoje los champiñones en agua tibia durante 30 minutos, luego escúrralos. Retire los tallos y corte las puntas. Escurrir y trocear los mejillones, reservando el jugo. Calentar el aceite y sofreír la sal y los champiñones durante 2 minutos. Agregue el caldo de almejas y el jerez, hierva, cubra y cocine por 3 minutos. Agregue los mejillones y la cebolla tierna y cocine hasta que estén bien calientes. Servir inmediatamente.

Abulón con salsa de ostras

Servidor 4

400 g de mejillones en conserva

15 ml / 1 cucharada de harina de maíz (fécula de maíz)

15 ml / 1 cucharada de salsa de soja

45 ml / 3 cucharadas de salsa de ostras

30 ml / 2 cucharadas de aceite de maní.

50 g de jamón ahumado en lonchas

Vaciar la lata de abulón reservando 90 ml / 6 cucharadas de líquido. Mézclalo con maicena, salsa de soja y salsa de ostras. Calentar el aceite y freír los mejillones escurridos durante 1 minuto. Agregue la mezcla de salsa y cocine, revolviendo, hasta que esté caliente, aproximadamente 1 minuto. Transfiera a un tazón tibio y sirva adornado con jamón.

almejas al vapor

Servidor 4

24 almejas

Limpiar bien los mejillones y ponerlos en remojo en agua con sal durante varias horas. Enjuáguelos con agua corriente y colóquelos en una bandeja profunda. Colocar sobre una rejilla para vapor, tapar y cocer en agua hirviendo durante unos 10 minutos hasta que se hayan abierto todas las almejas. Desechar las que queden cerradas. Servir con salsas.

Mejillones con brotes de soja

Servidor 4

24 almejas

15 ml / 1 cucharada de aceite de cacahuete (maní).

150 g de brotes de soja

1 pimiento verde, cortado en tiras

2 cebolletas (cebolletas), picadas

15 ml / 1 cucharada de vino de arroz o jerez seco

sal y pimienta recién molida

2,5 ml / ¬Ω cucharadita de aceite de sésamo

50 g de jamón ahumado en lonchas

Limpiar bien los mejillones y ponerlos en remojo en agua con sal durante varias horas. Enjuague con agua corriente. Poner a hervir una olla con agua, añadir las almejas y cocinar unos minutos hasta que se abran. Vaciar y desechar los que queden cerrados. Retire las almejas de las conchas.

Calienta el aceite y fríe los brotes de soja durante 1 minuto. Añadir el pimiento y la cebolla tierna y saltear durante 2 minutos. Agregue vino o jerez y sazone con sal y pimienta. Caliente, luego agregue las almejas y revuelva hasta que estén bien combinados y calientes. Transfiera a un tazón tibio y sirva espolvoreado con aceite de sésamo y jamón.

Mejillones con jengibre y ajo

Servidor 4

24 almejas

15 ml / 1 cucharada de aceite de cacahuete (maní).

2 rodajas de raíz de jengibre, picadas

2 dientes de ajo, picados

15 ml / 1 cucharada de agua

5 ml / 1 cucharadita de aceite de sésamo

sal y pimienta recién molida

Limpiar bien los mejillones y ponerlos en remojo en agua con sal durante varias horas. Enjuague con agua corriente. Calienta el aceite y fríe el jengibre y el ajo durante 30 segundos. Agregue los mejillones, el agua y el aceite de sésamo, cubra y cocine por aprox. 5 minutos hasta que se abran las almejas. Desechar las que queden cerradas. Sazone ligeramente con sal y pimienta y sirva inmediatamente.

almejas al vapor

Servidor 4

24 almejas

60 ml / 4 cucharadas de aceite de maní (maní).

4 dientes de ajo, picados

1 cebolla picada

2,5 ml / ¬Ω cucharadita de sal

Limpiar bien los mejillones y ponerlos en remojo en agua con sal durante varias horas. Enjuague con agua corriente y luego seque. Calienta el aceite y fríe el ajo, la cebolla y la sal hasta que estén tiernos. Agregue las almejas, cubra y cocine por unos 5 minutos hasta que todas las conchas se hayan abierto. Desechar las que queden cerradas. Freír suavemente durante otro 1 minuto, untar con aceite.

pasteles de cangrejo

Servidor 4

225 g de brotes de soja

60 ml / 4 cucharadas de aceite de maní 100 g / 4 oz de brotes de bambú cortados en tiras

1 cebolla picada

225 g de carne de cangrejo desmenuzada

4 huevos, ligeramente batidos

15 ml / 1 cucharada de harina de maíz (fécula de maíz)

30 ml / 2 cucharadas de salsa de soja

sal y pimienta recién molida

Hervir los brotes de soja en agua hirviendo durante 4 minutos y escurrir. Caliente la mitad del aceite y fría los brotes de soja, los brotes de bambú y la cebolla hasta que estén tiernos. Retire del fuego y agregue todos los demás ingredientes excepto el aceite. En una sartén limpia, caliente el aceite restante y vierta la mezcla de carne de cangrejo para formar pequeñas hamburguesas. Freír hasta que estén dorados por ambos lados y servir inmediatamente.

crema de cangrejo

Servidor 4

225 g de carne de cangrejo
5 huevos batidos
1 cebolleta (chalota), finamente picada
250 ml / 8 fl oz / 1 taza de agua
5 ml / 1 cucharadita de sal
5 ml / 1 cucharadita de aceite de sésamo

Mezcla todos los ingredientes bien. Coloque en un recipiente, cubra y coloque encima de una caldera doble sobre agua caliente o en una rejilla de vapor. Cocer al vapor durante unos 35 minutos hasta obtener una crema pastelera, removiendo de vez en cuando. Servir con arroz.

Carne de cangrejo chino con hojas

Servidor 4

450 g / 1 libra de hojas chinas trituradas
45 ml / 3 cucharadas de aceite vegetal
2 cebolletas (cebolletas), picadas
225 g de carne de cangrejo
15 ml / 1 cucharada de salsa de soja
15 ml / 1 cucharada de vino de arroz o jerez seco
5 ml / 1 cucharadita de sal

Hervir las hojas chinas durante 2 minutos en agua hirviendo, escurrir bien y enjuagar con agua fría. Calienta el aceite y fríe las cebolletas hasta que estén doradas. Agregue la carne de cangrejo y saltee durante 2 minutos. Agregue las hojas chinas y saltee durante 4 minutos. Añada la salsa de soja, el vino o el jerez y la sal y mezcle bien. Agregue el caldo y la maicena, hierva y cocine, revolviendo, durante 2 minutos, hasta que la salsa se aclare y espese.

Cangrejo Foo Yung con brotes de soja

Servidor 4

6 huevos batidos
45 ml / 3 cucharadas de harina de maíz (fécula de maíz)
225 g de carne de cangrejo
100 g de brotes de soja
2 cebolletas (cebolletas), finamente picadas
2,5 ml / ¬Ω cucharadita de sal
45 ml / 3 cucharadas de aceite de maní (maní).

Bate los huevos y luego agrega la maicena. Mezcle todos los demás ingredientes excepto el aceite. Calentar el aceite y verter la mezcla poco a poco en la sartén hasta formar tortitas de aprox. 7,5 cm de diámetro. Freír hasta que estén doradas por debajo, luego voltear y cocinar por el otro lado.

cangrejo de jengibre

Servidor 4

15 ml / 1 cucharada de aceite de cacahuete (maní).

2 rodajas de raíz de jengibre, picadas

4 cebolletas (cebolletas), picadas

3 dientes de ajo picados

1 pimiento rojo, picado

350 g de carne de cangrejo desmenuzada

2,5 ml / ¬Ω cucharadita de pasta de pescado

2,5 ml / ¬Ω cucharadita de aceite de sésamo

15 ml / 1 cucharada de vino de arroz o jerez seco

5 ml / 1 cucharadita de harina de maíz (fécula de maíz)

15 ml / 1 cucharada de agua

Calentar el aceite y sofreír el jengibre, la cebolleta, el ajo y la guindilla durante 2 minutos. Agregue la carne de cangrejo y revuelva hasta que esté bien cubierta con las especias. Añadir la pasta de pescado. Mezcle los ingredientes restantes en una pasta, luego viértalos en la sartén y saltee durante 1 minuto. Servir inmediatamente.

Cangrejo Lo Mein

Servidor 4

100 g de brotes de soja

30 ml / 2 cucharadas de aceite de maní.

5 ml / 1 cucharadita de sal

1 cebolla, picada

100 g de champiñones picados

225 g de carne de cangrejo desmenuzada

100 g de brotes de bambú, cortados en rodajas

Fideos inflados

30 ml / 2 cucharadas de salsa de soja

5 ml / 1 cucharadita de azúcar

5 ml / 1 cucharadita de aceite de sésamo

sal y pimienta recién molida

Blanquear los brotes de soja en agua hirviendo durante 5 minutos, luego escurrir. Calienta el aceite y fríe la sal y la cebolla hasta que estén blandas. Agregue los champiñones y saltee hasta que estén suaves. Agregue la carne de cangrejo y saltee durante 2 minutos. Agregue los brotes de soja y los brotes de bambú y saltee durante 1 minuto. Agregue los fideos escurridos a la sartén y revuelva suavemente. Mezcle la salsa de soja, el azúcar y el aceite de sésamo y sazone con sal y pimienta. Revuelva en la sartén hasta que esté caliente.

Cangrejo salteado con cerdo

Servidor 4

30 ml / 2 cucharadas de aceite de maní.
100 g de carne de cerdo picada (picada).
350 g de carne de cangrejo desmenuzada
2 rodajas de raíz de jengibre, picadas
2 huevos, ligeramente batidos
15 ml / 1 cucharada de salsa de soja
15 ml / 1 cucharada de vino de arroz o jerez seco
30 ml / 2 cucharadas de agua
sal y pimienta recién molida
4 cebolletas (cebolletas), cortadas en tiras

Calienta el aceite y fríe el cerdo hasta que esté dorado. Agregue la carne de cangrejo y el jengibre y saltee durante 1 minuto. Conecte los huevos. Agregue la salsa de soja, el vino o el jerez, el agua, la sal y la pimienta y cocine durante unos 4 minutos, revolviendo. Servir adornado con cebollino.

Carne de cangrejo salteada

Servidor 4

30 ml / 2 cucharadas de aceite de maní.
450 g de carne de cangrejo desmenuzada
2 cebolletas (cebolletas), picadas
2 rodajas de raíz de jengibre, picadas
30 ml / 2 cucharadas de salsa de soja
30 ml / 2 cucharadas de vino de arroz o jerez seco
2,5 ml / ¬Ω cucharadita de sal
15 ml / 1 cucharada de harina de maíz (fécula de maíz)
60 ml / 4 cucharadas de agua

Calienta el aceite y fríe la carne de cangrejo, la cebolleta y el jengibre durante 1 minuto. Agregue salsa de soya, vino o jerez y sal, cubra y cocine por 3 minutos. Agregue la harina de maíz y el agua hasta que se forme una pasta, revuelva en la sartén y cocine a fuego lento, revolviendo constantemente, hasta que la salsa esté clara y espesa.

Albóndigas de pulpo frito

Servidor 4

450 g de pulpo
50 g de manteca triturada
1 clara de huevo
2,5 ml / ¬Ω cucharadita de azúcar
2,5 ml / ¬Ω cucharadita de harina de maíz (fécula de maíz)
sal y pimienta recién molida
freír aceite

Limpiar el pulpo y triturarlo o reducirlo a papilla. Mezclar con manteca de cerdo, clara de huevo, azúcar y maicena y sazonar con sal y pimienta. Presione la mezcla en bolas. Caliente el aceite y fría las bolas, posiblemente en lotes, hasta que floten en el aceite y se doren. Escurrir bien y servir inmediatamente.

Langosta Cantonesa

Servidor 4

2 langostas

30 ml / 2 cucharadas de aceite

15 ml / 1 cucharada de salsa de frijoles negros

1 diente de ajo, machacado

1 cebolla picada

225 g de carne picada de cerdo (picada).

45 ml / 3 cucharadas de salsa de soja

5 ml / 1 cucharadita de azúcar

sal y pimienta recién molida

15 ml / 1 cucharada de harina de maíz (fécula de maíz)

75 ml / 5 cucharadas de agua

1 huevo batido

Triture las langostas, saque la carne y córtelas en cubos de 1 pulgada. Calentar el aceite y sofreír la salsa de alubias negras, el ajo y la cebolla hasta dorar. Agregue la carne de cerdo y fría hasta que esté dorada. Agregue la salsa de soja, el azúcar, la sal, la pimienta y la langosta, cubra y cocine a fuego lento durante unos 10 minutos. Mezcle la harina de maíz y el agua hasta formar una pasta, agréguela a la sartén y cocine, revolviendo constantemente, hasta que la salsa se aclare y espese. Antes de servir, apaga el fuego y agrega el huevo.

langosta frita

Servidor 4

450 g de carne de langosta
30 ml / 2 cucharadas de salsa de soja
5 ml / 1 cucharadita de azúcar
1 huevo batido
30 ml / 3 cucharadas de harina (todo uso).
freír aceite

Corte la carne de langosta en cubos de 1 pulgada y sazone con salsa de soya y azúcar. Dejar durante 15 minutos y luego escurrir. Batir los huevos y la harina, agregar la langosta y mezclar bien.

Calienta el aceite y fríe la langosta hasta que esté dorada. Escurrir sobre papel de cocina antes de servir.

Langosta al vapor con jamón

Servidor 4

4 huevos, ligeramente batidos

60 ml / 4 cucharadas de agua

5 ml / 1 cucharadita de sal

15 ml / 1 cucharada de salsa de soja

450 g de carne de langosta en escamas

15 ml / 1 cucharada de jamón ahumado picado

15 ml / 1 cucharada de perejil fresco picado

Batir los huevos con agua, sal y salsa de soja. Verter en un recipiente antiadherente y espolvorear con la carne de langosta. Coloque el tazón sobre una rejilla en la vaporera, cubra y cocine al vapor durante 20 minutos hasta que los huevos estén listos. Servir adornado con jamón y perejil.

Langosta con champiñones

Servidor 4

450 g de carne de langosta

15 ml / 1 cucharada de harina de maíz (fécula de maíz)

60 ml / 4 cucharadas de agua

30 ml / 2 cucharadas de aceite de maní.

4 cebollines (cebolletas), en rodajas gruesas

100 g de champiñones picados

2,5 ml / ¬Ω cucharadita de sal

1 diente de ajo, machacado

30 ml / 2 cucharadas de salsa de soja

15 ml / 1 cucharada de vino de arroz o jerez seco

Cortar la carne de langosta en cubos de 2,5 cm. Mezcle la harina de maíz y el agua hasta obtener una pasta y agregue los cubos de langosta a la mezcla para cubrir. Calentar la mitad del aceite y freír los dados de langosta hasta dorar, retirarlos de la sartén. Calienta el aceite restante y fríe las cebolletas hasta que estén doradas. Añadir los champiñones y saltear durante 3 minutos. Agregue sal, ajo, salsa de soja y vino o jerez y saltee durante 2 minutos. Regrese la langosta a la sartén y dore hasta que esté caliente.

Colas de langosta con cerdo

Servidor 4

3 hongos chinos secos
4 colas de langosta
60 ml / 4 cucharadas de aceite de maní (maní).
100 g de carne de cerdo picada (picada).
50 g de castañas de agua, finamente picadas
sal y pimienta recién molida
2 dientes de ajo, picados
45 ml / 3 cucharadas de salsa de soja
30 ml / 2 cucharadas de vino de arroz o jerez seco
30 ml / 2 cucharadas de salsa de frijoles negros
10 ml / 2 cucharadas de harina de maíz (fécula de maíz)

120 ml / 4 fl oz / ¬Ω taza de agua

Remoje los champiñones en agua tibia durante 30 minutos, luego escúrralos. Retire los tallos y pique los sombreros. Cortar las colas de langosta por la mitad a lo largo. Retire la carne de las colas de langosta, conservando las conchas. Calienta la mitad del aceite y fríe el cerdo hasta que esté dorado. Retire del fuego y agregue los champiñones, la carne de langosta, las castañas de agua, sal y pimienta. Encierre la carne en caparazones de langosta y colóquela en una bandeja para hornear. Colóquelo en la rejilla de vapor, cubra y cocine al vapor durante unos 20 minutos hasta que esté bien cocido. Mientras tanto, caliente el aceite restante y saltee el ajo, la salsa de soja, el vino/jerez y la salsa de frijoles negros durante 2 minutos. Mezcla la harina de maíz y el agua hasta obtener una masa. Revuelva en la sartén y cocine, revolviendo, hasta que la salsa espese. Coloque la langosta en un recipiente tibio, vierta sobre la salsa y sirva de inmediato.

langosta al vapor

Servidor 4

450 g / 1 lb de colas de langosta
30 ml / 2 cucharadas de aceite de maní.
1 diente de ajo, machacado
2,5 ml / ¬Ω cucharadita de sal
350 g de brotes de soja
50 g de champiñones
4 cebollines (cebolletas), en rodajas gruesas
150 ml / ¬° pt / suficiente ¬Ω taza de caldo de pollo
15 ml / 1 cucharada de harina de maíz (fécula de maíz)

Llevar el agua a ebullición en una cacerola, agregar las colas de langosta y cocinar por 1 minuto. Escurrir, enfriar, quitar la piel y cortar en rodajas más gruesas. Calentar el aceite con el ajo y la sal y sofreír hasta que el ajo esté ligeramente dorado. Agregue la langosta y saltee por 1 minuto. Agregue los brotes de soja y los champiñones y saltee durante 1 minuto. Añadir las cebolletas. Vierta la mayor parte del caldo, hierva, cubra y cocine a fuego lento durante 3 minutos. Mezcle la maicena con el resto del caldo, vierta en la sartén y cocine a fuego lento, revolviendo constantemente, hasta que la salsa esté clara y espesa.

nidos de langosta

Servidor 4

30 ml / 2 cucharadas de aceite de maní.

5 ml / 1 cucharadita de sal

1 cebolla, en rodajas finas

100 g de champiñones picados

100 g de brotes de bambú picados 225 g de carne de langosta cocida

15 ml / 1 cucharada de vino de arroz o jerez seco

120 ml / 4 fl oz / ¬Ω taza de caldo de pollo

una pizca de pimienta recién molida
10 ml / 2 cucharaditas de harina de maíz (fécula de maíz)
15 ml / 1 cucharada de agua
4 canastas de fideos

Calienta el aceite y fríe la sal y la cebolla hasta que estén blandas. Agregue los champiñones y los brotes de bambú y saltee durante 2 minutos. Agregue la carne de langosta, el vino o el jerez y el caldo, hierva, cubra y cocine por 2 minutos. Sazone con pimienta. Mezcle la harina de maíz y el agua hasta formar una pasta, agréguela a la sartén y cocine, revolviendo constantemente, hasta que la salsa espese. Coloque los nidos de fideos en un plato de servir caliente y adorne con langosta salteada.

Mejillones en salsa de frijoles negros

Servidor 4

45 ml / 3 cucharadas de aceite de maní (maní).
2 dientes de ajo, picados
2 rodajas de raíz de jengibre, picadas
30 ml / 2 cucharadas de salsa de frijoles negros
15 ml / 1 cucharada de salsa de soja
1,5 kg de almejas, lavadas y deshuesadas
2 cebolletas (cebolletas), picadas

Calienta el aceite y fríe el ajo y el jengibre durante 30 segundos. Agregue la salsa de frijoles negros y la salsa de soja y saltee durante 10 segundos. Agregue los mejillones, cubra y cocine por aprox. 6 minutos hasta que se abran las almejas. Desechar las que queden cerradas. Transfiera a un plato caliente y sirva espolvoreado con cebollino.

mejillones con jengibre

Servidor 4

45 ml / 3 cucharadas de aceite de maní (maní).

2 dientes de ajo, picados

4 rodajas de raíz de jengibre, picadas

1,5 kg de almejas, lavadas y deshuesadas

45 ml / 3 cucharadas de agua

15 ml / 1 cucharada de salsa de ostras

Calienta el aceite y fríe el ajo y el jengibre durante 30 segundos. Agregue los mejillones y el agua, cubra y cocine por aprox. 6

minutos hasta que se abran las almejas. Desechar las que queden cerradas. Transfiera a un plato de servir caliente y sirva rociado con salsa de ostras.

almejas al vapor

Servidor 4

1,5 kg de almejas, lavadas y deshuesadas
45 ml / 3 cucharadas de salsa de soja
3 cebollines (cebollines), finamente picados

Coloque las almejas sobre una rejilla en la vaporera, tape y cocine en agua hirviendo durante unos 10 minutos hasta que todas las almejas se hayan abierto. Desechar las que queden cerradas. Transfiera a un plato caliente y sirva espolvoreado con salsa de soja y cebolletas.

ostras fritas

Servidor 4

24 ostras, sin cáscara

sal y pimienta recién molida

1 huevo batido

50 g / 2 oz / ¬Ω taza de harina para todo uso.

250 ml / 8 fl oz / 1 taza de agua

freír aceite

4 cebolletas (cebolletas), picadas

Espolvorea las ostras con sal y pimienta. Bate los huevos con la harina y el agua hasta que se forme una masa, que podrás utilizar para rebozar las ostras. Calienta el aceite y fríe las ostras hasta que estén doradas. Escurrir sobre papel de cocina y servir adornado con cebolletas.

Ostras con tocino

Servidor 4

175 g de tocino

24 ostras, sin cáscara

1 huevo, ligeramente batido

15 ml / 1 cucharada de agua

45 ml / 3 cucharadas de aceite de maní (maní).

2 cebollas, picadas

15 ml / 1 cucharada de harina de maíz (fécula de maíz)

15 ml / 1 cucharada de salsa de soja

90 ml / 6 cucharadas de caldo de pollo

Cortar el tocino en trozos y envolver cada ostra con un trozo. Bate los huevos con agua, luego sumérgelos en las ostras para cubrirlos. Calienta la mitad del aceite y fríe las ostras hasta que estén doradas por ambos lados, luego retíralas de la sartén y escurre la grasa. Calienta el aceite restante y fríe la cebolla en él hasta que esté blanda. Mezcle la maicena, la salsa de soya y el caldo en una pasta, vierta en la sartén y cocine, revolviendo constantemente, hasta que la salsa se vuelva ligera y espesa. Verter sobre las ostras y servir inmediatamente.

Ostras fritas con jengibre

Servidor 4

24 ostras, sin cáscara

2 rodajas de raíz de jengibre, picadas

30 ml / 2 cucharadas de salsa de soja

15 ml / 1 cucharada de vino de arroz o jerez seco

4 cebolletas (cebolletas), cortadas en tiras

100 g de tocino

1 huevo

50 g / 2 oz / ¬Ω taza de harina para todo uso.

sal y pimienta recién molida

freír aceite

1 limón, cortado en cubitos

Coloque las ostras en un bol con el jengibre, la salsa de soja y el vino o jerez y mezcle bien. Dejar actuar durante 30 minutos. Coloque unas tiras de cebollín encima de cada ostra. Cortar el tocino en trozos y envolver cada ostra con un trozo. Batir los huevos y la harina hasta formar una masa y sazonar con sal y pimienta. Sumerja las ostras en la masa hasta que estén bien cubiertas. Calienta el aceite y fríe las ostras hasta que estén doradas. Servir adornado con rodajas de limón.

Ostras con salsa de frijol negro

Servidor 4

350 g de ostras sin concha
120 ml / 4 fl oz / ¬Ω taza de aceite de maní (maní).
2 dientes de ajo, picados
3 cebolletas (scallions), en rodajas
15 ml / 1 cucharada de salsa de frijoles negros
30 ml / 2 cucharadas de salsa de soja oscura
15 ml / 1 cucharada de aceite de sésamo
una pizca de chile

Blanquear las ostras en agua hirviendo durante 30 segundos y luego escurrir. Calentar el aceite y sofreír los ajos y las cebolletas durante 30 segundos. Agregue la salsa de frijol negro, la salsa de soya, el aceite de sésamo y las ostras y sazone con chile. Saltee hasta que esté tibio y sirva de inmediato.

Vieiras con brotes de bambú

Servidor 4

60 ml / 4 cucharadas de aceite de maní (maní).

6 cebolletas (cebolletas), picadas

225 g de champiñones cortados en cuartos

15 ml / 1 cucharada de azúcar

450 g de mejillones sin cáscara

2 rodajas de raíz de jengibre, picadas

225 g de brotes de bambú cortados en rodajas

sal y pimienta recién molida

300 ml / ¬Ω pt / 1 ¬ ° taza de agua

30 ml / 2 cucharadas de vinagre de vino

30 ml / 2 cucharadas de harina de maíz (fécula de maíz)

150 ml / ¬° pt / suficiente ¬Ω taza de agua

45 ml / 3 cucharadas de salsa de soja

Calentar el aceite y sofreír las cebolletas y los champiñones durante 2 minutos. Agregue azúcar, almejas, jengibre, brotes de bambú, sal y pimienta, cubra y cocine por 5 minutos. Agregue agua y vinagre de vino, hierva, cubra y cocine a fuego lento durante 5 minutos. Mezcle la harina de maíz y el agua hasta formar una pasta, agréguela a la sartén y cocine, revolviendo constantemente, hasta que la salsa espese. Rocíe con salsa de soja y sirva.

vieiras con huevos

Servidor 4

45 ml / 3 cucharadas de aceite de maní (maní).
350 g de mejillones sin cáscara
25 g de jamón ahumado en lonchas
30 ml / 2 cucharadas de vino de arroz o jerez seco
5 ml / 1 cucharadita de azúcar
2,5 ml / ¬Ω cucharadita de sal
una pizca de pimienta recién molida
2 huevos, ligeramente batidos
15 ml / 1 cucharada de salsa de soja

Calienta el aceite y fríe los mejillones durante 30 segundos. Agregue el jamón y saltee por 1 minuto. Añadir el vino o jerez, el azúcar, la sal y la pimienta y saltear durante 1 minuto. Agregue el huevo y revuelva suavemente a fuego alto hasta que los ingredientes estén bien cubiertos con el huevo. Servir espolvoreado con salsa de soja.

Vieiras con brócoli

Servidor 4

350 g de vieiras cortadas en rodajas

3 rebanadas de raíz de jengibre, picadas

¬Ω zanahoria pequeña, cortada en rodajas

1 diente de ajo, machacado

45 ml / 3 cucharadas de harina (todo uso).

2,5 ml / ¬Ω cucharadita de levadura en polvo (levadura en polvo)

30 ml / 2 cucharadas de aceite de maní.

15 ml / 1 cucharada de agua

1 plátano, en rodajas

freír aceite

275 g de brócoli

Sal

5 ml / 1 cucharadita de aceite de sésamo

2.5 ml / ¬Ω cucharadita de salsa picante

2,5 ml / ¬Ω cucharadita de vinagre de vino

2,5 ml / ¬Ω cucharadita de pasta de tomate √ © e (pasta)

Mezclar las vieiras con el jengibre, la zanahoria y el ajo y dejar reposar. Mezcle la harina, el polvo para hornear, 15 ml/1 cucharada de aceite y agua en una masa y cubra las rodajas de plátano con ella. Caliente el aceite y fría los plátanos hasta que estén dorados, luego escúrralos y colóquelos en una sartén caliente. Mientras tanto, cocine el brócoli en agua hirviendo con sal hasta que esté suave, luego escúrralo. Calienta el resto del aceite con aceite de sésamo y fríe brevemente el brócoli, luego extiéndelo en un plato con el plátano macho. Agregue la salsa de chile, el vinagre de vino y la pasta de tomate a la sartén y fría los mejillones hasta que estén cocidos. Verter en un plato y servir inmediatamente.

vieiras con jengibre

Servidor 4

45 ml / 3 cucharadas de aceite de maní (maní).

2,5 ml / ¬Ω cucharadita de sal

3 rebanadas de raíz de jengibre, picadas

2 cebolletas, en rodajas gruesas

450 g de mejillones sin cáscara, cortados por la mitad

15 ml / 1 cucharada de harina de maíz (fécula de maíz)

60 ml / 4 cucharadas de agua

Calienta el aceite y fríe la sal y el jengibre durante 30 segundos. Añadir las cebolletas y freír hasta que estén doradas. Añadir los mejillones y saltear durante 3 minutos. Mezcle la harina de maíz y el agua en una masa, agregue a la sartén y cocine a fuego lento, revolviendo, hasta que espese. Servir inmediatamente.

mejillones con jamón

Servidor 4

450 g de mejillones sin cáscara, cortados por la mitad
250 ml / 8 fl oz / 1 taza de vino de arroz o jerez seco
1 cebolla, finamente picada
2 rodajas de raíz de jengibre, picadas
2,5 ml / ¬Ω cucharadita de sal
100 g de jamón ahumado en lonchas

Colocar los mejillones en un bol y añadir el vino o el jerez. Tape y deje marinar durante 30 minutos, volteando ocasionalmente, luego escurra los mejillones y deseche la marinada. Coloque las vieiras en una fuente para horno con los demás ingredientes. Coloque la sartén sobre una rejilla en la vaporera, cubra y cocine en agua hirviendo durante unos 6 minutos hasta que los mejillones estén tiernos.

Revuelto de mejillones y hierbas

Servidor 4

225 g de mejillones sin cáscara
30 ml / 2 cucharadas de cilantro fresco picado
4 huevos batidos
15 ml / 1 cucharada de vino de arroz o jerez seco
sal y pimienta recién molida
15 ml / 1 cucharada de aceite de cacahuete (maní).

Coloque los mejillones en la vaporera y cocínelos al vapor durante unos 3 minutos hasta que estén bien cocidos, dependiendo del tamaño. Retire de la vaporera y espolvoree con cilantro. Batir los huevos junto con el vino o el jerez y sazonar con sal y pimienta. Agrega las almejas y el cilantro. Calienta el aceite y saltea la mezcla de huevos revueltos hasta que los huevos cuajen. Servir inmediatamente.

mejillones y cebollas al vapor

Servidor 4

45 ml / 3 cucharadas de aceite de maní (maní).
1 cebolla, picada
450 g de vieiras peladas cortadas en cuartos
sal y pimienta recién molida
15 ml / 1 cucharada de vino de arroz o jerez seco

Calienta el aceite y fríe la cebolla hasta que esté blanda. Añadir los mejillones y freír hasta que estén dorados. Sazone con sal y pimienta, rocíe con vino o jerez y sirva inmediatamente.

vieiras con verduras

Sirve 4.6

4 hongos chinos secos

2 cebollas

30 ml / 2 cucharadas de aceite de maní.

3 tallos de apio, cortados en diagonal

225 g de judías verdes cortadas en diagonal

10 ml / 2 cucharaditas de raíz de jengibre rallada

1 diente de ajo, machacado

20 ml / 4 cucharaditas de harina de maíz (fécula de maíz)

250 ml / 8 fl oz / 1 taza de caldo de pollo

30 ml / 2 cucharadas de vino de arroz o jerez seco

30 ml / 2 cucharadas de salsa de soja

450 g de vieiras peladas cortadas en cuartos

6 cebolletas (cebolletas), en rodajas
425 g / 15 oz lata de maíz en mazorca

Remoje los champiñones en agua tibia durante 30 minutos, luego escúrralos. Retire los tallos y corte las puntas. Cortar la cebolla en gajos y separar las capas. Calienta el aceite y fríe la cebolla, el apio, los frijoles, el jengibre y el ajo durante 3 minutos. Mezclar la maicena con un poco de caldo y añadir el resto del caldo, el vino o jerez y la salsa de soja. Añadir al wok y llevar a ebullición, revolviendo constantemente. Agregue los champiñones, los mejillones, las cebolletas y el maíz y cocine por unos 5 minutos hasta que los mejillones estén tiernos.

Vieiras a la pimienta

Servidor 4

30 ml / 2 cucharadas de aceite de maní.
3 cebolletas (cebolletas), picadas
1 diente de ajo, machacado
2 rodajas de raíz de jengibre, picadas

2 pimientos rojos picados

450 g de mejillones sin cáscara

30 ml / 2 cucharadas de vino de arroz o jerez seco

15 ml / 1 cucharada de salsa de soja

15 ml / 1 cucharada de salsa de frijol amarillo

5 ml / 1 cucharadita de azúcar

5 ml / 1 cucharadita de aceite de sésamo

Calentar el aceite y sofreír la cebolleta, el ajo y el jengibre durante 30 segundos. Añadir el pimentón y saltear durante 1 minuto. Agregue las vieiras y saltee por 30 segundos, luego agregue los demás ingredientes y cocine por unos 3 minutos, hasta que las vieiras estén tiernas.

Pulpo con brotes de soja

Servidor 4

450 g de pulpo

30 ml / 2 cucharadas de aceite de maní.

15 ml / 1 cucharada de vino de arroz o jerez seco

100 g de brotes de soja
15 ml / 1 cucharada de salsa de soja
Sal
1 pimiento rojo, picado
2 rodajas de raíz de jengibre, picadas
2 cebolletas (cebolletas), picadas

Retire la cabeza, las vísceras y la membrana del pulpo y córtelo en trozos grandes. Recorta un patrón de cruz en cada pieza. Poner agua a hervir en una olla, añadir los calamares y cocinar a fuego lento hasta que se enrollen los trozos, escurrir y escurrir. Calienta la mitad del aceite y fríe rápidamente el pulpo. Vierta vino o jerez. Mientras tanto, calienta el aceite restante y fríe los brotes de soja hasta que estén tiernos. Condimentar con salsa de soja y sal. Disponer la guindilla, el jengibre y la cebolleta en un plato. Colocar los brotes de soja en el centro y el pulpo encima. Servir inmediatamente.

pulpo frito

Servidor 4

50 g de harina común (todo uso).

25 g / 1 onza / ¬ taza de harina de maíz (fécula de maíz)

2,5 ml / ¬Ω cucharadita de levadura en polvo

2,5 ml / ¬Ω cucharadita de sal

1 huevo

75 ml / 5 cucharadas de agua

15 ml / 1 cucharada de aceite de cacahuete (maní).

450 g de pulpo cortado en aros

freír aceite

Batir la harina, la maicena, el polvo de hornear, la sal, el huevo, el agua y el aceite hasta formar una masa. Sumerja el pulpo en la masa hasta que esté bien cubierto. Calienta el aceite y fríe el pulpo poco a poco hasta que esté dorado. Escurrir sobre papel de cocina antes de servir.

Paquetes de pulpo

Servidor 4

8 hongos chinos secos

450 g de pulpo

100 g de jamón ahumado

100 g de tofu

1 huevo batido

15 ml / 1 cucharada de harina (todo uso).

2,5 ml / ¬Ω cucharadita de azúcar

2,5 ml / ¬Ω cucharadita de aceite de sésamo

sal y pimienta recién molida

8 pieles de wonton

freír aceite

Remoje los champiñones en agua tibia durante 30 minutos, luego escúrralos. Deseche los tallos. Limpiar los calamares y cortarlos en 8 trozos. Cortar el jamón y el tofu en 8 trozos. Póngalos todos en un tazón. Mezclar los huevos con la harina, el azúcar, el aceite de sésamo, la sal y la pimienta. Vierta los ingredientes en el recipiente y mezcle suavemente. Coloque el champiñón y un trozo de calamar, jamón y tofu justo debajo del centro de cada caparazón de wonton. Dobla la esquina inferior, dobla los lados, luego enrolla y humedece los bordes con agua para sellar. Calienta el aceite y fríe las albóndigas durante unos 8 minutos hasta que estén doradas. Escurrir bien antes de servir.

Calamares fritos

Servidor 4

45 ml / 3 cucharadas de aceite de maní (maní).

225 g aros de pulpo

1 pimiento verde grande, cortado en trozos

100 g de brotes de bambú, cortados en rodajas

2 cebolletas (cebolletas), finamente picadas

1 rodaja de raíz de jengibre, finamente picada

45 ml / 2 cucharadas de salsa de soja

30 ml / 2 cucharadas de vino de arroz o jerez seco

15 ml / 1 cucharada de harina de maíz (fécula de maíz)

15 ml / 1 cucharada de caldo de pescado o agua

5 ml / 1 cucharadita de azúcar

5 ml / 1 cucharadita de vinagre de vino

5 ml / 1 cucharadita de aceite de sésamo

sal y pimienta recién molida

Calentar 15 ml / 1 cucharada de aceite y freír rápidamente los calamares hasta que estén bien chamuscados. Mientras tanto, en una sartén aparte, caliente el aceite restante y fría los pimientos, los brotes de bambú, las cebolletas y el jengibre durante 2 minutos. Añadir los calamares y saltear durante 1 minuto. Mezcle la salsa de soja, el vino o jerez, la maicena, el caldo, el azúcar, el vinagre de vino y el aceite de sésamo y sazone con sal y pimienta. Saltee hasta que la salsa se aclare y espese.

pulpo al vapor

Servidor 4

45 ml / 3 cucharadas de aceite de maní (maní).
3 cebollines (cebolletas), en rodajas gruesas
2 rodajas de raíz de jengibre, picadas
450 g de pulpo cortado en trozos
15 ml / 1 cucharada de salsa de soja
15 ml / 1 cucharada de vino de arroz o jerez seco

5 ml / 1 cucharadita de harina de maíz (fécula de maíz)

15 ml / 1 cucharada de agua

Calienta el aceite y fríe la cebolla tierna y el jengibre hasta que estén tiernos. Añadir los calamares y freír hasta que se cubran con el aceite. Agregue la salsa de soya y el vino o jerez, cubra y cocine por 2 minutos. Mezcla la harina de maíz y el agua hasta obtener una masa, ponla en una sartén y cocina a fuego lento, removiendo, hasta que la salsa espese y el pulpo esté tierno.

Pulpo con hongos secos

Servidor 4

50 g de hongos chinos secos
450g / 1lb aros de calamar
45 ml / 3 cucharadas de aceite de maní (maní).
45 ml / 3 cucharadas de salsa de soja
2 cebolletas (cebolletas), finamente picadas
1 rodaja de raíz de jengibre, picada
225 g de brotes de bambú cortados en tiras
30 ml / 2 cucharadas de harina de maíz (fécula de maíz)
150 ml / ¬° pt / buena ¬Ω taza de caldo de pescado

Remoje los champiñones en agua tibia durante 30 minutos, luego escúrralos. Retire los tallos y corte las puntas. Blanquear el pulpo en agua hirviendo durante unos segundos. Calienta el aceite, añade los champiñones, la salsa de soja, la cebolla tierna y el jengibre y saltea durante 2 minutos. Agregue los calamares y los brotes de bambú y saltee durante 2 minutos. Combine la maicena y el caldo y revuelva en la sartén. Cocine a fuego lento, revolviendo, hasta que la salsa esté clara y espesa.

pulpo con verduras

Servidor 4

45 ml / 3 cucharadas de aceite de maní (maní).

1 cebolla, picada

5 ml / 1 cucharadita de sal

450 g de pulpo cortado en trozos

100 g de brotes de bambú, cortados en rodajas

2 tallos de apio, cortados en diagonal

60 ml / 4 cucharadas de caldo de pollo

5 ml / 1 cucharadita de azúcar

100 g de tirabeques (guisantes)

5 ml / 1 cucharadita de harina de maíz (fécula de maíz)

15 ml / 1 cucharada de agua

Calentar el aceite y sofreír la cebolla y la sal hasta que estén doradas. Añadir los calamares y freír hasta que estén cubiertos de aceite. Agregue los brotes de bambú y el apio y saltee durante 3 minutos. Añadir el caldo y el azúcar, llevar a ebullición, tapar y cocinar durante 3 minutos hasta que las verduras estén tiernas. Agregue salsa picante. Mezcle la harina de maíz y el agua hasta formar una pasta, agréguela a la sartén y cocine, revolviendo constantemente, hasta que la salsa espese.

Goulash de ternera con anís

Servidor 4

30 ml / 2 cucharadas de aceite de maní.

450g / 1lb bistec de res

1 diente de ajo, machacado

45 ml / 3 cucharadas de salsa de soja

15 ml / 1 cucharada de agua

15 ml / 1 cucharada de vino de arroz o jerez seco

5 ml / 1 cucharadita de sal

5 ml / 1 cucharadita de azúcar

2 dientes de anís estrellado

Calienta el aceite y fríe la carne hasta que esté dorada por todos lados. Agregue los ingredientes restantes, lleve a ebullición, cubra y cocine por unos 45 minutos, luego voltee la carne, agregue un poco de agua y salsa de soya si la carne está seca. Cocine por otros 45 minutos hasta que la carne esté tierna. Deseche el anís estrellado antes de servir.

Ternera con espárragos

Servidor 4

450 g para cubos de rabo de ternera

30 ml / 2 cucharadas de salsa de soja

30 ml / 2 cucharadas de vino de arroz o jerez seco

45 ml / 3 cucharadas de harina de maíz (fécula de maíz)

45 ml / 3 cucharadas de aceite de maní (maní).

5 ml / 1 cucharadita de sal

1 diente de ajo, machacado

350 g de puntas de espárragos

120 ml / 4 fl oz / ¬Ω taza de caldo de pollo

15 ml / 1 cucharada de salsa de soja

Coloque el bistec en un tazón. Mezcle la salsa de soja, el vino o el jerez y 30 ml / 2 cucharadas de maicena, vierta sobre el filete y mezcle bien. Dejar marinar durante 30 minutos. Calentar el aceite con sal y ajo y sofreír hasta que el ajo esté ligeramente dorado. Agregue la carne y la marinada y saltee durante 4 minutos. Añadir los espárragos y saltear en la sartén durante 2 minutos. Agregue el caldo y la salsa de soja, hierva y cocine, revolviendo constantemente, durante 3 minutos hasta que la carne esté bien cocida. Mezclar la maicena restante con un poco de agua o caldo y añadir a la salsa. Cocine, revolviendo, durante unos minutos hasta que la salsa se aclare y espese.

Ternera con brotes de bambú

Servidor 4

45 ml / 3 cucharadas de aceite de maní (maní).
1 diente de ajo, machacado
1 cebolla tierna (cebollín), picada
1 rodaja de raíz de jengibre, picada
225 g de carne de res magra, cortada en tiras
100 g de brotes de bambú
45 ml / 3 cucharadas de salsa de soja
15 ml / 1 cucharada de vino de arroz o jerez seco
5 ml / 1 cucharadita de harina de maíz (fécula de maíz)

Calienta el aceite y fríe el ajo, la cebolla tierna y el jengibre hasta que estén dorados. Agregue la carne y saltee durante 4 minutos hasta que se dore. Agregue los brotes de bambú y saltee durante 3 minutos. Agregue la salsa de soja, el vino o el jerez y la maicena y saltee durante 4 minutos.

Ternera con brotes de bambú y champiñones

Servidor 4

225 g de ternera magra
45 ml / 3 cucharadas de aceite de maní (maní).
1 rodaja de raíz de jengibre, picada
100 g de brotes de bambú, cortados en rodajas
100 g de champiñones picados
45 ml / 3 cucharadas de vino de arroz o jerez seco
5 ml / 1 cucharadita de azúcar
10 ml / 2 cucharaditas de salsa de soja
sal y pimienta
120 ml / 4 fl oz / ¬Ω taza de caldo de res
15 ml / 1 cucharada de harina de maíz (fécula de maíz)
30 ml / 2 cucharadas de agua

Cortar la carne en rodajas finas contra el grano. Calienta el aceite y fríe el jengibre en él durante unos segundos. Agregue la carne y saltee hasta que se dore. Agregue los brotes de bambú y los champiñones y saltee durante 1 minuto. Agregue vino o jerez, azúcar y salsa de soya y sazone con sal y pimienta. Vierta el caldo, hierva, cubra con una tapa y cocine a fuego lento durante 3 minutos. Mezcle la maicena y el agua, vierta en la sartén y cocine, revolviendo constantemente, hasta que la salsa espese.

estofado de ternera china

Servidor 4

45 ml / 3 cucharadas de aceite de maní (maní).

900 g de bistec de ternera

1 cebolleta (chalote), en rodajas

1 diente de ajo, picado

1 rodaja de raíz de jengibre, picada

60 ml / 4 cucharadas de salsa de soja

30 ml / 2 cucharadas de vino de arroz o jerez seco

5 ml / 1 cucharadita de azúcar

5 ml / 1 cucharadita de sal

una pizca de pimienta

750 ml / 1° punto / 3 tazas de agua hirviendo

Calienta el aceite y fríe la carne rápidamente por todos lados. Agregue cebolletas, ajo, jengibre, salsa de soya, vino o jerez, azúcar, sal y pimienta. Llevar a ebullición revolviendo constantemente. Agregue agua hirviendo, vuelva a hervir revolviendo constantemente, cubra con una tapa y deje reposar aprox. 2 horas hasta que la carne esté tierna.

Ternera con brotes de soja

Servidor 4

450 g de carne de res magra, cortada en rodajas
1 clara de huevo
30 ml / 2 cucharadas de aceite de maní.
15 ml / 1 cucharada de harina de maíz (fécula de maíz)
15 ml / 1 cucharada de salsa de soja
100 g de brotes de soja
25 g / 1 oz chucrut, desmenuzado
1 pimiento rojo, picado
2 cebolletas (cebolletas), picadas
2 rodajas de raíz de jengibre, picadas
Sal

5 ml / 1 cucharadita de salsa de ostras
5 ml / 1 cucharadita de aceite de sésamo

Mezcla la carne con la clara de huevo, la mitad del aceite, la maicena y la salsa de soya y deja reposar por 30 minutos. Blanquear los brotes de soja en agua hirviendo durante unos 8 minutos hasta que estén casi blandos, luego escurrir. Caliente el aceite restante y fría la carne hasta que esté ligeramente dorada, luego retírela de la sartén. Agregue el repollo, el chile, el jengibre, la sal, la salsa de ostras y el aceite de sésamo y saltee durante 2 minutos. Agregue los brotes de soja y saltee durante 2 minutos. Regrese la carne a la sartén y saltee hasta que esté bien mezclada y caliente. Servir inmediatamente.

Ternera con brócoli

Servidor 4

1 libra / 450 g de hueso de la cola de res, en rodajas finas
30 ml / 2 cucharadas de harina de maíz (fécula de maíz)
15 ml / 1 cucharada de vino de arroz o jerez seco

15 ml / 1 cucharada de salsa de soja

30 ml / 2 cucharadas de aceite de maní.

5 ml / 1 cucharadita de sal

1 diente de ajo, machacado

225 g / 8 oz floretes de brócoli

150 ml / ¬° pt / suficiente ¬Ω taza de caldo de res

Coloque el bistec en un tazón. Mezcle 15 ml / 1 cucharada de maicena con vino o jerez y salsa de soya, agregue la carne y deje marinar por 30 minutos. Calentar el aceite con sal y ajo y sofreír hasta que el ajo esté ligeramente dorado. Agregue el bistec y la marinada y saltee durante 4 minutos. Agregue el brócoli y saltee durante 3 minutos. Añadir el caldo, llevar a ebullición, tapar y cocinar durante 5 minutos, hasta que el brócoli esté tierno pero crujiente. Mezclar la maicena restante con un poco de agua y añadir a la salsa. Cocine a fuego lento, revolviendo, hasta que la salsa se aclare y espese.

Carne de sésamo con brócoli

Servidor 4

150 g de carne de res magra, en rodajas finas
2,5 ml / ½ cucharadita de salsa de ostras
5 ml / 1 cucharadita de harina de maíz (fécula de maíz)
5 ml / 1 cucharadita de vinagre de vino blanco
60 ml / 4 cucharadas de aceite de maní (maní).
100 g de floretes de brócoli
5 ml / 1 cucharadita de salsa de pescado
2,5 ml / ½ cucharadita de salsa de soja
250 ml / 8 fl oz / 1 taza de caldo de res
30 ml / 2 cucharadas de semillas de sésamo

Marinar la carne con salsa de ostras, 2,5 ml / ½ cucharadita de maicena, 2,5 ml / ½ cucharadita de vinagre de vino y 15 ml / 1 cucharadita de aceite durante 1 hora.

Mientras tanto, caliente 15 ml / 1 cucharadita de aceite, agregue brócoli, 2,5 ml / ½ cucharadita de salsa de pescado, salsa de soja y el vinagre de vino restante y cubra ligeramente con agua hirviendo. Cocine a fuego lento durante unos 10 minutos hasta que estén tiernos.

En una sartén aparte, caliente 30 ml / 2 cucharadas de aceite y fría brevemente la carne hasta que se dore. Agregue el caldo, la maicena restante y la salsa de pescado, hierva, cubra y cocine a fuego lento durante aprox. 10 minutos hasta que la carne esté tierna. Escurra el brócoli y colóquelo en un plato caliente. Cubra con la carne y espolvoree generosamente con semillas de sésamo.

Carne a la parrilla

Servidor 4

450 g de bistec magro, cortado en rodajas

60 ml / 4 cucharadas de salsa de soja

2 dientes de ajo, picados

5 ml / 1 cucharadita de sal

2,5 ml / ¬Ω cucharadita de pimienta recién molida

10 ml / 2 cucharaditas de azúcar

Mezclar todos los ingredientes y dejar en infusión durante 3 horas. Freír o asar (a la parrilla) en una parrilla caliente durante unos 5 minutos por cada lado.

carne cantonesa

Servidor 4

30 ml / 2 cucharadas de harina de maíz (fécula de maíz)

2 claras de huevo, batidas a punto de nieve

450 g de bistec cortado en tiras

freír aceite

4 palitos de apio, en rodajas

2 cebollas, en rodajas

60 ml / 4 cucharadas de agua

20 ml / 4 cucharaditas de sal

75 ml / 5 cucharadas de salsa de soja

60 ml / 4 cucharadas de vino de arroz o jerez seco

30 ml / 2 cucharadas de azúcar

pimienta recién molida

Mezcla la mitad de la maicena con las claras de huevo. Agregue el bistec y gire para cubrir la carne con la masa. Calienta el aceite y fríe el bistec hasta que esté dorado. Retirar de la sartén y escurrir sobre papel de cocina. Calentar 15 ml / 1 cucharada de aceite y sofreír el apio y la cebolla durante 3 minutos. Añadir la carne, el agua, la sal, la salsa de soja, el vino o jerez y el azúcar y sazonar con pimienta. Llevar a ebullición y cocinar, revolviendo constantemente, hasta que la salsa espese.

Ternera con zanahorias

Servidor 4

30 ml / 2 cucharadas de aceite de maní.
450 g de carne de res magra, cortada en cubos
2 cebolletas (cebolletas), en rodajas
2 dientes de ajo, picados
1 rodaja de raíz de jengibre, picada
250 ml / 8 fl oz / 1 taza de salsa de soya
30 ml / 2 cucharadas de vino de arroz o jerez seco
30 ml / 2 cucharadas de azúcar moreno
5 ml / 1 cucharadita de sal
600 ml / 1 punto / 2 ¬Ω tazas de agua
4 zanahorias, cortadas en diagonal

Calienta el aceite y fríe la carne hasta que esté dorada. Escurrir el exceso de aceite y añadir la cebolleta, el ajo, el jengibre y el anís y saltear durante 2 minutos. Añadir la salsa de soja, el vino o el jerez, el azúcar y la sal y mezclar bien. Agregue agua, hierva, cubra y cocine por 1 hora. Agregue las zanahorias, cubra y cocine por otros 30 minutos. Retire la tapa y cocine hasta que la salsa se reduzca.

Ternera con anacardos

Servidor 4

60 ml / 4 cucharadas de aceite de maní (maní).
1 libra / 450 g de hueso de la cola de res, en rodajas finas
8 cebolletas (cebolletas), cortadas en trozos
2 dientes de ajo, picados
1 rodaja de raíz de jengibre, picada
75 g / 3 oz / ¬œ taza de anacardos tostados
120 ml / 4 fl oz / ¬Ω taza de agua
20 ml / 4 cucharaditas de harina de maíz (fécula de maíz)
20 ml / 4 cucharaditas de salsa de soja
5 ml / 1 cucharadita de aceite de sésamo
5 ml / 1 cucharadita de salsa de ostras
5 ml / 1 cucharadita de salsa picante

Calienta la mitad del aceite y fríe la carne hasta que esté dorada. Retire de la sartén. Caliente el aceite restante y fría las cebolletas, el ajo, el jengibre y los anacardos durante 1 minuto. Regrese la carne a la sartén. Mezcla el resto de los ingredientes y vierte la mezcla en la sartén. Llevar a ebullición y cocinar, revolviendo constantemente, hasta que la mezcla espese.

Carne de res en olla de cocción lenta

Servidor 4

30 ml / 2 cucharadas de aceite de maní.
450 g de estofado de ternera cortado en cubos
3 rebanadas de raíz de jengibre, picadas
3 zanahorias, en rodajas
1 nabo, cortado en cubitos
15 ml / 1 cucharada de dátiles negros sin hueso
15 ml / 1 cucharada de semillas de loto
30 ml / 2 cucharadas de concentrado de tomate (pasta)
10 ml / 2 cucharadas de sal
900ml / 1¬Ω puntos / 3¬œ tazas de caldo de res
250 ml / 8 fl oz / 1 taza de vino de arroz o jerez seco

Caliente el aceite en una sartén o sartén grande y dore la carne hasta que esté dorada por todos lados.

Ternera con coliflor

Servidor 4

225 g de floretes de coliflor

freír aceite

225 g de carne de res, cortada en tiras

50 g de brotes de bambú cortados en tiras

10 castañas de agua, cortadas en tiras

120 ml / 4 fl oz / ¬Ω taza de caldo de pollo

15 ml / 1 cucharada de salsa de soja

15 ml / 1 cucharada de salsa de ostras

15 ml / 1 cucharada de pasta de tomate (pasta)

15 ml / 1 cucharada de harina de maíz (fécula de maíz)

2,5 ml / ¬Ω cucharadita de aceite de sésamo

Hervir la coliflor durante 2 minutos en agua hirviendo y luego escurrir. Calienta el aceite y fríe la coliflor hasta que esté dorada. Escurrir y escurrir sobre papel de cocina. Calentar el aceite y freír la carne en él hasta que esté ligeramente dorada, luego escurrir y escurrir. Vierta todo menos 15 ml/1 cucharada de aceite y fría los brotes de bambú y las castañas de agua durante 2 minutos. Agregue los ingredientes restantes, lleve a ebullición y cocine, revolviendo constantemente, hasta que la salsa espese. Regrese la carne y la coliflor a la sartén y vuelva a calentar ligeramente. Servir inmediatamente.

ternera con apio

Servidor 4

100 g de apio, cortado en tiras
45 ml / 3 cucharadas de aceite de maní (maní).
2 cebolletas (cebolletas), picadas
1 rodaja de raíz de jengibre, picada
225 g de carne de res magra, cortada en tiras
30 ml / 2 cucharadas de salsa de soja
30 ml / 2 cucharadas de vino de arroz o jerez seco
2,5 ml / ¬Ω cucharadita de azúcar
2,5 ml / ¬Ω cucharadita de sal

Blanquear el apio en agua hirviendo durante 1 minuto, luego escurrir bien. Calienta el aceite y fríe las cebolletas y el jengibre hasta que estén dorados. Añadir la carne y saltear durante 4 minutos. Agregue el apio y saltee por 2 minutos. Añada la salsa de soja, el vino o el jerez, el azúcar y la sal y saltee durante 3 minutos.

Rebanadas de ternera frita con apio

Servidor 4

30 ml / 2 cucharadas de aceite de maní.
450 g de carne de res magra, cortada en hojuelas
3 tallos de apio, picados
1 cebolla picada
1 cebolleta (chalote), en rodajas
1 rodaja de raíz de jengibre, picada
30 ml / 2 cucharadas de salsa de soja
15 ml / 1 cucharada de vino de arroz o jerez seco
2,5 ml / ¬Ω cucharadita de azúcar
2,5 ml / ¬Ω cucharadita de sal
10 ml / 2 cucharaditas de harina de maíz (fécula de maíz)
30 ml / 2 cucharadas de agua

Calienta la mitad del aceite hasta que esté muy caliente y fríe la carne durante 1 minuto hasta que esté dorada. Retire de la sartén. Calienta el aceite restante y fríe el apio, la cebolla, la cebolleta y el jengibre hasta que estén ligeramente blandos. Regresar la carne a la sartén con la salsa de soja, el vino o jerez, el azúcar y la sal, llevar a ebullición y saltear hasta que se caliente. Mezcle la maicena y el agua, revuelva en la sartén y cocine hasta que la salsa espese. Servir inmediatamente.

Lonchas de ternera con pollo y apio

Servidor 4

4 hongos chinos secos

45 ml / 3 cucharadas de aceite de maní (maní).

2 dientes de ajo, picados

1 raíz de jengibre, en rodajas, picada

5 ml / 1 cucharadita de sal

100 g de carne de res magra, cortada en tiras

100 g de carne de pollo, cortada en tiras

2 zanahorias, cortadas en tiras

2 tallos de apio, cortados en tiras

4 cebolletas (cebolletas), cortadas en tiras

5 ml / 1 cucharadita de azúcar

5 ml / 1 cucharadita de salsa de soja

5 ml / 1 cucharadita de vino de arroz o jerez seco
45 ml / 3 cucharadas de agua
5 ml / 1 cucharadita de harina de maíz (fécula de maíz)

Remoje los champiñones en agua tibia durante 30 minutos, luego escúrralos. Retire los tallos y pique los sombreros. Calienta el aceite y fríe el ajo, el jengibre y la sal hasta que estén dorados. Agregue la carne de res y el pollo y cocine hasta que comiencen a dorarse. Añadir el apio, la cebolleta, el azúcar, la salsa de soja, el vino o jerez y el agua y llevar a ebullición. Tape y cocine a fuego lento durante unos 15 minutos hasta que la carne esté tierna. Mezcle la maicena con un poco de agua, agregue a la salsa y cocine a fuego lento, revolviendo constantemente, hasta que la salsa espese.

carne con chile

Servidor 4

450 g de solomillo de ternera cortado en tiras
45 ml / 3 cucharadas de salsa de soja

15 ml / 1 cucharada de vino de arroz o jerez seco

15 ml / 1 cucharada de azúcar moreno

15 ml / 1 cucharada de raíz de jengibre finamente picada

30 ml / 2 cucharadas de aceite de maní.

50 g de brotes de bambú cortados en cerillas

1 cebolla, cortada en tiras

1 apio, cortado en palitos

2 chiles rojos, sin semillas y cortados en tiras

120 ml / 4 fl oz / ½ taza de caldo de pollo

15 ml / 1 cucharada de harina de maíz (fécula de maíz)

Coloque el bistec en un tazón. Mezcle la salsa de soja, el vino o el jerez, el azúcar y el jengibre y combínelo con el bistec. Dejar marinar durante 1 hora. Retire el bistec de la marinada. Caliente la mitad del aceite y fría los brotes de bambú, la cebolla, el apio y el chile durante 3 minutos, luego retírelos de la sartén. Calienta el aceite restante y fríe el bistec durante 3 minutos. Mezclar la marinada, llevar a ebullición y añadir las verduras fritas. Cocine, revolviendo, durante 2 minutos. Mezcle el caldo y la maicena y colóquelos en la sartén. Llevar a ebullición y cocinar, revolviendo constantemente, hasta que la salsa esté clara y espesa.

Ternera con col china

Servidor 4

225 g de ternera magra

30 ml / 2 cucharadas de aceite de maní.

350 g de bok choy, rallado

120 ml / 4 fl oz / ¬Ω taza de caldo de res

sal y pimienta recién molida

10 ml / 2 cucharaditas de harina de maíz (fécula de maíz)

30 ml / 2 cucharadas de agua

Cortar la carne en rodajas finas contra el grano. Calienta el aceite y fríe la carne hasta que esté dorada. Agregue el bok choy y saltee hasta que esté ligeramente suave. Verter el caldo, llevar a ebullición y sazonar con sal y pimienta. Tape y cocine a fuego lento durante 4 minutos hasta que la carne esté tierna. Mezcle la maicena y el agua, vierta en la sartén y cocine, revolviendo constantemente, hasta que la salsa espese.

Chop Suey De Ternera

Servidor 4

3 palitos de apio, en rodajas
100 g de brotes de soja
100 g de floretes de brócoli
60 ml / 4 cucharadas de aceite de maní (maní).
3 cebolletas (cebolletas), picadas
2 dientes de ajo, picados
1 rodaja de raíz de jengibre, picada
225 g de carne de res magra, cortada en tiras
45 ml / 3 cucharadas de salsa de soja
15 ml / 1 cucharada de vino de arroz o jerez seco

5 ml / 1 cucharadita de sal

2,5 ml / ¬Ω cucharadita de azúcar

pimienta recién molida

15 ml / 1 cucharada de harina de maíz (fécula de maíz)

Blanquear el apio, los brotes de soja y el brócoli en agua hirviendo durante 2 minutos, luego escurrir y secar. Calentar 45 ml / 3 cucharadas de aceite y sofreír la cebolleta, el ajo y el jengibre hasta que estén dorados. Añadir la carne y saltear durante 4 minutos. Retire de la sartén. Calienta el aceite restante y fríe las verduras en él durante 3 minutos. Añadir la carne, la salsa de soja, el vino o jerez, la sal, el azúcar y una pizca de pimienta y saltear durante 2 minutos. Mezcle la maicena con un poco de agua, vierta en la sartén y cocine a fuego lento, revolviendo constantemente, hasta que la salsa se aclare y espese.

ternera con pepino

Servidor 4

1 libra / 450 g de hueso de la cola de res, en rodajas finas

45 ml / 3 cucharadas de salsa de soja

30 ml / 2 cucharadas de harina de maíz (fécula de maíz)

60 ml / 4 cucharadas de aceite de maní (maní).

2 pepinos, pelados, sin semillas y en rodajas

60 ml / 4 cucharadas de caldo de pollo

30 ml / 2 cucharadas de vino de arroz o jerez seco

sal y pimienta recién molida

Coloque el bistec en un tazón. Mezcle la salsa de soya y la maicena y combine con el bistec. Dejar marinar durante 30 minutos. Caliente la mitad del aceite y fría los pepinos durante 3 minutos hasta que estén transparentes, luego retírelos de la sartén. Calienta el aceite restante y fríe el bistec hasta que esté dorado. Agregue los pepinos y saltee durante 2 minutos. Agregue caldo, vino o jerez y sazone con sal y pimienta. Llevar a ebullición, tapar y cocinar por 3 minutos.

chow mein de carne

Servidor 4

Solomillo 750 g / 1 ½ lb

2 cebollas

45 ml / 3 cucharadas de salsa de soja

45 ml / 3 cucharadas de vino de arroz o jerez seco

15 ml / 1 cucharada de mantequilla de maní

5 ml / 1 cucharadita de jugo de limón

350 g de pasta de huevo

60 ml / 4 cucharadas de aceite de maní (maní).

175 ml / 6 fl oz / ¾ taza de caldo de pollo

15 ml / 1 cucharada de harina de maíz (fécula de maíz)

30 ml / 2 cucharadas de salsa de ostras

4 cebolletas (cebolletas), picadas

3 palitos de apio, en rodajas

100 g de champiñones picados

1 pimiento verde, cortado en tiras

100 g de brotes de soja

Cortar la carne y recortar la grasa. Cortar el queso parmesano transversalmente en rodajas finas. Cortar la cebolla en gajos y separar las capas. Mezcle 15 ml / 1 cucharada de salsa de soya con 15 ml / 1 cucharada de vino o jerez, mantequilla de maní y jugo de limón. Agrega la carne, tapa y deja reposar por 1 hora. Cocine los fideos en agua hirviendo durante unos 5 minutos o hasta que estén blandos. Escurrir bien. Calentar 15 ml / 1 cucharada de aceite, agregar 15 ml / 1 cucharada de salsa de soja y fideos y freír durante 2 minutos hasta que estén dorados. Transferir a un plato de servir tibio.

Mezcle el resto de la salsa de soja y el vino o jerez con el caldo, la maicena y la salsa de ostras. Calentar 15 ml / 1 cucharada de aceite y sofreír la cebolla durante 1 minuto. Agregue el apio, los champiñones, la pimienta y los brotes de soja y saltee durante 2 minutos. Retire del wok. Caliente el aceite restante y fría la carne en él hasta que se dore. Vierta el caldo, hierva, cubra con una tapa y cocine a fuego lento durante 3 minutos. Regrese las verduras al wok y cocine, revolviendo, hasta que estén calientes, aproximadamente 4 minutos. Vierta la mezcla sobre los fideos y sirva.

filete de pepino

Servidor 4

450 g de filete de lomo

10 ml / 2 cucharaditas de harina de maíz (fécula de maíz)

10 ml / 2 cucharaditas de sal

2,5 ml / ¬Ω cucharadita de pimienta recién molida

90 ml / 6 cucharadas de aceite de maní.

1 cebolla, finamente picada

1 pepino, pelado y picado

120 ml / 4 fl oz / ½ taza de caldo de res

Cortar el bistec en tiras y luego en lonchas finas a contrapelo. Colocar en un recipiente y agregar la maicena, la sal, la pimienta y la mitad del aceite. Dejar marinar durante 30 minutos. Calienta el aceite restante y fríe la carne y las cebollas hasta que estén doradas. Agregue los pepinos y el caldo, hierva, cubra y cocine por 5 minutos.

curry de carne asada

Servidor 4

45 ml / 3 cucharadas de mantequilla
15 ml / 1 cucharada de curry
45 ml / 3 cucharadas de harina (todo uso).
375 ml / 13 fl oz / 1½ tazas de leche
15 ml / 1 cucharada de salsa de soja
sal y pimienta recién molida

450 g de carne picada cocida

100 g de guisantes

2 zanahorias, picadas

2 cebollas, picadas

225 g de arroz de grano largo cocido, caliente

1 huevo duro (cocido), rebanado

Derrita la mantequilla, agregue el curry y la harina y cocine por 1 minuto. Agregue la leche y la salsa de soya, hierva y cocine, revolviendo constantemente, durante 2 minutos. Condimentar con sal y pimienta. Agregue la carne, los guisantes, las zanahorias y las cebollas y mezcle bien para cubrir con la salsa. Agregue el arroz, luego transfiera la mezcla a una bandeja para hornear y hornee en un horno precalentado a 200 ∞ C / 400 ∞ F / nivel de gas 6 durante 20 minutos hasta que las verduras estén tiernas. Servimos rebanadas decoradas de huevo duro.

mejillones marinados

Servidor 4

450g / 1lb lata de mejillones

45 ml / 3 cucharadas de salsa de soja

30 ml / 2 cucharadas de vinagre de vino

5 ml / 1 cucharadita de azúcar

unas gotas de aceite de sésamo

Escurra los mejillones y córtelos en rodajas o tiras finas. Mezclar el resto de ingredientes, verter sobre los mejillones y mezclar bien. Cubra y refrigere por 1 hora.

Guisamos los brotes de bambú

Servidor 4

60 ml / 4 cucharadas de aceite de maní (maní).
225 g de brotes de bambú cortados en tiras
60 ml / 4 cucharadas de caldo de pollo
15 ml / 1 cucharada de salsa de soja
5 ml / 1 cucharadita de azúcar
5 ml / 1 cucharadita de vino de arroz o jerez seco

Calienta el aceite y fríe los brotes de bambú durante 3 minutos. Combine el caldo, la salsa de soja, el azúcar y el vino o el jerez y colóquelo en una cacerola. Tape y cocine a fuego lento durante 20 minutos. Dejar enfriar y refrigerar antes de servir.

Encurtido De Pollo

Servidor 4

1 pepino, pelado y sin semillas
225 g de pollo cocido, cortado en trozos pequeños
5 ml / 1 cucharadita de mostaza en polvo
2,5 ml / ¬Ω cucharadita de sal
30 ml / 2 cucharadas de vinagre de vino

Corta el pepino en tiras y colócalas en un plato para servir. Disponer el pollo encima. Mezclar la mostaza, la sal y el vinagre de vino y verter sobre el pollo justo antes de servir.

pollo al sésamo

Servidor 4

350 g de pollo hervido
120 ml / 4 fl oz / ¬Ω taza de agua
5 ml / 1 cucharadita de mostaza en polvo
15 ml / 1 cucharada de semillas de sésamo
2,5 ml / ¬Ω cucharadita de sal
una pizca de azúcar
45 ml / 3 cucharadas de cilantro fresco picado
5 cebolletas (cebolletas), picadas
¬Ω cabeza de lechuga, rallada

Cortar el pollo en tiras finas. Agregue suficiente agua a la mostaza para hacer una pasta suave y agréguela al pollo. Tostar las semillas de sésamo en una sartén seca hasta que estén doradas, luego agregarlas al pollo y espolvorear con sal y azúcar. Agregue la mitad del perejil y la cebolla tierna y mezcle bien. Coloque la ensalada en un plato para servir, decore con la mezcla de pollo y decore con el perejil restante.

Lichi con jengibre

Servidor 4

1 sandía grande, partida en dos y sin hueso
450 g / 1 lb de lichis en lata, escurridos
5 cm / 2 tallos de jengibre, en rodajas
unas hojas de menta

Rellena las mitades de sandía con lichi y jengibre, decora con hojas de menta. Enfriar antes de servir.

Alitas de pollo hervidas rojas

Servidor 4

8 alitas de pollo
2 cebolletas (cebolletas), picadas
75 ml / 5 cucharadas de salsa de soja
120 ml / 4 fl oz / ¬Ω taza de agua
30 ml / 2 cucharadas de azúcar moreno

Corte y deseche los extremos huesudos de las alitas de pollo y córtelas por la mitad. Colocar en una cacerola con los demás ingredientes, llevar a ebullición, tapar y cocinar a fuego lento durante 30 minutos. Retire la tapa y continúe cocinando a fuego lento durante otros 15 minutos, rociando con frecuencia. Deje enfriar, luego refrigere antes de servir.

Carne de cangrejo con pepino

Servidor 4

100 g de carne de cangrejo desmenuzada

2 pepinos, pelados y en rodajas

1 rodaja de raíz de jengibre, picada

15 ml / 1 cucharada de salsa de soja

30 ml / 2 cucharadas de vinagre de vino

5 ml / 1 cucharadita de azúcar

unas gotas de aceite de sésamo

Ponga la carne de cangrejo y los pepinos en un tazón. Mezcle los ingredientes restantes, vierta sobre la mezcla de carne de cangrejo y mezcle bien. Cubra y refrigere por 30 minutos antes de servir.

Las setas marinadas

Servidor 4

225 g de champiñones
30 ml / 2 cucharadas de salsa de soja
15 ml / 1 cucharada de vino de arroz o jerez seco
pizca de sal
unas gotas de tabasco
unas gotas de aceite de sésamo

Hervir los champiñones durante 2 minutos en agua hirviendo, luego escurrir y secar. Poner en un bol y verter sobre los demás ingredientes. Mezclar bien y dejar enfriar antes de servir.

Champiñones al ajillo marinados

Servidor 4

225 g de champiñones

3 dientes de ajo picados

30 ml / 2 cucharadas de salsa de soja

30 ml / 2 cucharadas de vino de arroz o jerez seco

15 ml / 1 cucharada de aceite de sésamo

pizca de sal

Ponga los champiñones y el ajo en un colador, cubra con agua hirviendo y deje reposar durante 3 minutos. Escurrir y secar bien. Mezclar el resto de los ingredientes, verter el adobo sobre los champiñones y marinar durante 1 hora.

Camarones y Coliflor

Servidor 4

225 g de floretes de coliflor
100 g de gambas peladas
15 ml / 1 cucharada de salsa de soja
5 ml / 1 cucharadita de aceite de sésamo

Cocine la coliflor por separado durante unos 5 minutos hasta que esté suave pero aún crujiente. Mezclar con los camarones, rociar con salsa de soja y aceite de sésamo y mezclar. Enfriar antes de servir.

Palitos de jamón con sésamo

Servidor 4

225 g de jamón cortado en tiras
10 ml / 2 cucharaditas de salsa de soja
2,5 ml / ¬Ω cucharadita de aceite de sésamo

Extienda el jamón en un plato para servir. Mezclar la salsa de soja y el aceite de sésamo, espolvorear con jamón y servir.

tofu frio

Servidor 4

450 g de tofu, cortado en rodajas
45 ml / 3 cucharadas de salsa de soja
45 ml / 3 cucharadas de aceite de maní (maní).
pimienta recién molida

Coloque el tofu unas rebanadas a la vez en un colador y sumérjalo en agua hirviendo durante 40 segundos, luego escúrralo y colóquelo en un plato. Dejar enfriar. Mezclar la salsa de soja y el aceite, espolvorear tofu y servir espolvoreado con pimienta.

pollo con tocino

Servidor 4

225 g de pollo, en rodajas muy finas
75 ml / 5 cucharadas de salsa de soja
15 ml / 1 cucharada de vino de arroz o jerez seco
1 diente de ajo, machacado
15 ml / 1 cucharada de azúcar moreno
5 ml / 1 cucharadita de sal
5 ml / 1 cucharadita de raíz de jengibre picada
225 g de tocino magro, cortado en cubos
100 g de castañas de agua, cortadas en rodajas muy finas
30 ml / 2 cucharadas de miel

Coloque el pollo en un tazón. Mezclar 45 ml / 3 cucharadas de salsa de soja con vino o jerez, ajo, azúcar, sal y jengibre, verter sobre el pollo y marinar durante aprox. 3 horas. Ponga el pollo, el tocino y las castañas en las brochetas de kebab. Mezclar la salsa de soja restante con la miel y untar con una brocheta. Ase (ase a la parrilla) bajo una parrilla caliente durante unos 10 minutos hasta que esté bien cocido, volteándolos con frecuencia y rociándolos con ingredientes adicionales mientras se cocinan.

Papas Fritas De Pollo Y Plátano

Servidor 4

2 pechugas de pollo hervidas

2 plátanos duros

6 rebanadas de pan

4 huevos

120 ml / 4 fl oz / ¬Ω taza de leche

50 g / 2 oz / ¬Ω taza de harina para todo uso.

225 g / 8 oz / 4 tazas de pan rallado fresco

freír aceite

Cortar el pollo en 24 piezas. Pelar los plátanos y cortarlos a lo largo en cuartos. Corta cada cuarto en tercios para hacer 24 piezas. Retira la corteza del pan y córtalo en cuartos. Batir los huevos y la leche y pintar por un lado del pan. Coloque un trozo de pollo y un trozo de plátano en el lado cubierto de huevo de cada trozo de pan. Enharina ligeramente los cuadrados, luego cúbrelos con huevo y pásalos por pan rallado. Pasar por los huevos y los ralladores de nuevo. Calienta el aceite y fríe varios cuadritos hasta que estén dorados. Escurrir sobre papel de cocina antes de servir.

Pollo con jengibre y champiñones

Servidor 4

225 g de filetes de pechuga de pollo

5 ml / 1 cucharadita de polvo de cinco especias

15 ml / 1 cucharada de harina (todo uso).

120 ml / 4 fl oz / ¬Ω taza de aceite de maní (maní).

4 chalotes, partidos por la mitad

1 diente de ajo, rebanado

1 rodaja de raíz de jengibre, picada

25 g / 1 oz / ¬° taza de anacardos

5 ml / 1 cucharadita de miel

15 ml / 1 cucharada de harina de arroz

75 ml / 5 cucharadas de vino de arroz o jerez seco

100 g de champiñones para cuartos

2,5 ml / ¬Ω cucharadita de cúrcuma

6 chiles amarillos, cortados a la mitad

5 ml / 1 cucharadita de salsa de soja

¬¬ jugo de limon

sal y pimienta

4 hojas de lechuga crujientes

Cortar la pechuga de pollo en diagonal con el parmesano en tiras finas. Espolvorear con polvo de cinco especias y espolvorear ligeramente con harina. Calienta 15ml/1 cucharada de aceite y fríe el pollo hasta que esté dorado. Retire de la sartén. Calienta un poco más de aceite y fríe las chalotas, el ajo, el jengibre y los anacardos durante 1 minuto. Agregue la miel y revuelva hasta que las verduras estén cubiertas. Espolvorear con harina y añadir vino o jerez. Agregue los champiñones, la cúrcuma y el chile y cocine por 1 minuto. Agregue el pollo, la salsa de soya, la mitad del jugo de limón, sal y pimienta y caliente. Retire de la sartén y mantenga caliente. Calentar un poco más de aceite, agregar las hojas de ensalada y sofreír rápidamente, sazonar con sal, pimienta y el jugo de lima restante.

pollo y jamon

Servidor 4

225 g de pollo, en rodajas muy finas
75 ml / 5 cucharadas de salsa de soja
15 ml / 1 cucharada de vino de arroz o jerez seco
15 ml / 1 cucharada de azúcar moreno
5 ml / 1 cucharadita de raíz de jengibre picada
1 diente de ajo, machacado
225 g de jamón cocido cortado en cubos
30 ml / 2 cucharadas de miel

Coloque el pollo en un bol con 45 ml/3 cucharadas de salsa de soja, vino o jerez, azúcar, jengibre y ajo. Dejar marinar durante 3 horas. Coloque el pollo y el jamón en las brochetas de kebab. Mezclar la salsa de soja restante con la miel y untar con una brocheta. Ase a la parrilla (barbacoa) bajo una parrilla caliente durante unos 10 minutos, volteando con frecuencia durante la cocción y rociando con glaseado.

Hígado de pollo a la parrilla

Servidor 4

450 g de hígado de pollo
45 ml / 3 cucharadas de salsa de soja
15 ml / 1 cucharada de vino de arroz o jerez seco
15 ml / 1 cucharada de azúcar moreno
5 ml / 1 cucharadita de sal
5 ml / 1 cucharadita de raíz de jengibre picada
1 diente de ajo, machacado

Blanquear los hígados de pollo en agua hirviendo durante 2 minutos, luego escurrir bien. Colocar en un bol con todos los demás ingredientes excepto el aceite y marinar durante unas 3 horas. Estire los hígados de pollo en brochetas de kebab y ase (ase a la parrilla) en una parrilla caliente durante aprox. 8 minutos hasta que estén doradas.

Bolas de cangrejo con castañas de agua

Servidor 4

450 g de carne de cangrejo, picada

100 g de castañas de agua troceadas

1 diente de ajo, machacado

1 cm/½ de raíz de jengibre en rodajas, picada

45 ml / 3 cucharadas de harina de maíz (fécula de maíz)

30 ml / 2 cucharadas de salsa de soja

15 ml / 1 cucharada de vino de arroz o jerez seco

5 ml / 1 cucharadita de sal

5 ml / 1 cucharadita de azúcar

3 huevos batidos

freír aceite

Mezclar todos los ingredientes excepto el aceite y formar bolitas. Calienta el aceite y fríe las bolas de cangrejo hasta que estén doradas. Escurrir bien antes de servir.

suma tenue

Servidor 4

100 g de camarones pelados, picados

225 g de carne magra de cerdo, finamente picada

50 g de bok choy, finamente picado

3 cebolletas (cebolletas), picadas

1 huevo batido

30 ml / 2 cucharadas de harina de maíz (fécula de maíz)

10 ml / 2 cucharaditas de salsa de soja

5 ml / 1 cucharadita de aceite de sésamo

5 ml / 1 cucharadita de salsa de ostras

24 pieles de wonton

freír aceite

Mezcle los camarones, el cerdo, el repollo y la cebolla tierna. Mezcle los huevos, la maicena, la salsa de soja, el aceite de sésamo y la salsa de ostras. Vierta la mezcla en el centro de cada piel de wonton. Envuelva cuidadosamente los envoltorios alrededor del relleno, doble los bordes pero deje la parte superior abierta. Calienta el aceite y fríe los dim sum poco a poco hasta que estén dorados. Escurrir bien y servir tibio.

Rollitos de jamón y pollo

Servidor 4

2 pechugas de pollo

1 diente de ajo, machacado

2,5 ml / ¬Ω cucharadita de sal

2,5 ml / ¬Ω cucharadita de polvo de cinco especias

4 lonchas de jamón cocido

1 huevo batido

30 ml / 2 cucharadas de leche

25 g / 1 oz / ¬º taza de harina común (todo uso).

4 cáscaras de huevo

freír aceite

Cortar la pechuga de pollo por la mitad. Bátelos hasta que estén muy delgados. Mezcle el ajo, la sal y el polvo de cinco especias y espolvoree sobre el pollo. Colocar una loncha de jamón sobre cada trozo de pollo y enrollar bien. Mezclar huevos y leche. Enharina ligeramente los trozos de pollo y luego sumérgelos en la mezcla de huevo. Coloca cada trozo sobre la piel de un rodillo y pinta los bordes con huevo batido. Dobla los lados hacia adentro, luego enrolla y pellizca los bordes para sellar. Calienta el aceite y fríe los rollitos durante unos 5 minutos hasta que estén dorados.

dorado y cocido. Escurrir sobre papel de cocina y luego cortar rodajas gruesas en diagonal para servir.

Tirabuzones de jamón al horno

Servidor 4

350 g / 12 oz / 3 tazas de harina (para todo uso).

175 g / 6 oz / ¬œ taza de mantequilla

120 ml / 4 fl oz / ¬Ω taza de agua

225 g de jamón loncheado

100 g de brotes de bambú picados

2 cebolletas (cebolletas), picadas

15 ml / 1 cucharada de salsa de soja

30 ml / 2 cucharadas de semillas de sésamo

Poner la harina en un bol y añadir la mantequilla. Mezclar en agua para hacer una pasta. Estirar la masa y cortar en círculos de 5 cm/2 cm. Mezcle todos los demás ingredientes excepto las semillas de sésamo y vierta en cada ronda. Pintar los bordes del hojaldre con agua y sellar. Cepille el exterior con agua y espolvoree con semillas de sésamo. Hornee en un horno precalentado a 180¬∞C / 350¬∞F / nivel de gas 4 durante 30 minutos.

pescado pseudo ahumado

Servidor 4

1 lubina

3 rebanadas de raíz de jengibre, en rodajas

1 diente de ajo, machacado

1 cebolleta, a menudo en rodajas

75 ml / 5 cucharadas de salsa de soja

30 ml / 2 cucharadas de vino de arroz o jerez seco

2,5 ml / ¬Ω cucharadita de anís molido

2,5 ml / ¬Ω cucharadita de aceite de sésamo

10 ml / 2 cucharaditas de azúcar

120 ml / 4 fl oz / ¬Ω taza de caldo

freír aceite

5 ml / 1 cucharadita de harina de maíz (fécula de maíz)

Pelar el pescado y cortarlo en rodajas de 5 mm (¬° in) con las fibras opuestas. Mezclar el jengibre, el ajo, la cebolleta, 60 ml / 4 cucharadas de salsa de soja, el jerez, el anís y el aceite de sésamo. Vierta sobre el pescado y deje que tenga un buen sabor. Dejar durante 2 horas, revolviendo ocasionalmente.

Escurrir el adobo en la sartén y acariciar el pescado sobre papel de cocina. Agregue el azúcar, el caldo y la salsa de soya restante.

marinar, llevar a ebullición y cocinar por 1 minuto. Si queremos que la salsa espese, mezcle la maicena con un poco de agua fría, agregue a la salsa y cocine a fuego lento, revolviendo constantemente, hasta que la salsa espese.

Mientras tanto, calienta el aceite y fríe el pescado hasta que esté dorado. Escurrir bien. Sumerja los trozos de pescado en la marinada y colóquelos en un plato caliente. Servir tibio o frío.

champiñones guisados

Servidor 4

12 tapas grandes de champiñones secos
225 g de carne de cangrejo
3 castañas de agua picadas
2 cebolletas (cebolletas), finamente picadas
1 clara de huevo
15 ml / 1 cucharada de harina de maíz (fécula de maíz)
15 ml / 1 cucharada de salsa de soja
15 ml / 1 cucharada de vino de arroz o jerez seco

Remoje los champiñones en agua tibia durante la noche. Escurra en seco. Mezclar el resto de los ingredientes y rellenar los sombreros de los champiñones con ellos. Coloque en una rejilla de vapor y cocine al vapor durante 40 minutos. Servir tibio.

Champiñones en salsa de ostras

Servidor 4

10 hongos chinos secos
250 ml / 8 fl oz / 1 taza de caldo de res
15 ml / 1 cucharada de harina de maíz (fécula de maíz)
30 ml / 2 cucharadas de salsa de ostras
5 ml / 1 cucharadita de vino de arroz o jerez seco

Remoje los champiñones en agua caliente durante 30 minutos, luego escúrralos y reserve 250 ml / 8 fl oz / 1 taza del líquido de remojo. Deseche los tallos. Mezclar 60 ml / 4 cucharadas de caldo de res con maicena hasta obtener una pasta. Lleve a ebullición el caldo de res restante con los champiñones y el líquido de champiñones, cubra y cocine a fuego lento durante 20 minutos. Retire los champiñones del líquido con una espumadera y colóquelos en un plato caliente. Agregue la salsa de ostras y el jerez a la sartén y cocine, revolviendo, durante 2 minutos. Agregue la pasta de maíz y cocine a fuego lento, revolviendo, hasta que la salsa espese. Verter sobre los champiñones y servir inmediatamente.

Rollitos de cerdo y ensalada

Servidor 4

4 hongos chinos secos
15 ml / 1 cucharada de aceite de cacahuete (maní).
225 g de carne de cerdo magra, picada
100 g de brotes de bambú picados
100 g de castañas de agua troceadas
4 cebolletas (cebolletas), picadas
175 g de carne de cangrejo desmenuzada
30 ml / 2 cucharadas de vino de arroz o jerez seco
15 ml / 1 cucharada de salsa de soja
10 ml / 2 cucharaditas de salsa de ostras
10 ml / 2 cucharaditas de aceite de sésamo
9 hojas chinas

Remoje los champiñones en agua tibia durante 30 minutos, luego escúrralos. Retire los tallos y pique los sombreros. Calienta el aceite y fríe el cerdo durante 5 minutos. Agregue los champiñones, los brotes de bambú, las castañas de agua, las cebolletas y la carne de cangrejo y saltee durante 2 minutos. Combine el vino o el jerez, la salsa de soya, la salsa de ostras y el aceite de sésamo y revuelva en la sartén. Alejar del calor.

Mientras tanto, blanquear las hojas chinas en agua hirviendo durante 1 minuto.

liberar. Coloque una cucharada de la mezcla de cerdo en el centro de cada hoja, doble los lados hacia abajo y enrolle para servir.

Albóndigas de cerdo y castañas

Servidor 4

450 g de carne picada de cerdo (picada).
50 g de champiñones, finamente picados
50 g de castañas de agua, finamente picadas
1 diente de ajo, machacado
1 huevo batido
30 ml / 2 cucharadas de salsa de soja
15 ml / 1 cucharada de vino de arroz o jerez seco
5 ml / 1 cucharadita de raíz de jengibre picada
5 ml / 1 cucharadita de azúcar
Sal
30 ml / 2 cucharadas de harina de maíz (fécula de maíz)
freír aceite

Mezclar todos los ingredientes excepto la maicena y formar bolitas con la mezcla. Enrolle la maicena juntos. Calienta el aceite y fríe las albóndigas durante unos 10 minutos hasta que estén doradas. Escurrir bien antes de servir.

bolas de cerdo

Sirve 4.6

450 g / 1 libra de harina (todo uso).

500 ml / 17 fl oz / 2 tazas de agua

450 g de carne de cerdo hervida, picada

225 g de gambas peladas y troceadas

4 tallos de apio, picados

15 ml / 1 cucharada de salsa de soja

15 ml / 1 cucharada de vino de arroz o jerez seco

15 ml / 1 cucharada de aceite de sésamo

5 ml / 1 cucharadita de sal

2 cebolletas (cebolletas), finamente picadas

2 dientes de ajo, picados

1 rodaja de raíz de jengibre, picada

Mezcle la harina y el agua hasta que la masa esté suave y se amase bien. Cubra y deje reposar durante 10 minutos. Estirar la masa lo más fina posible y cortar en círculos de 5 cm. Mezcle todos los demás ingredientes juntos. Poner una cucharada de la mezcla en cada círculo, humedecer los bordes y cerrarlos en semicírculo. Ponga a hervir agua en una olla, luego coloque con cuidado los ñoquis en el agua.

Albóndigas de cerdo y ternera

Servidor 4

100 g de carne de cerdo picada (picada).

100 g de carne molida (picada).

1 rebanada de tocino rallado, rebanado (picado)

15 ml / 1 cucharada de salsa de soja

sal y pimienta

1 huevo batido

30 ml / 2 cucharadas de harina de maíz (fécula de maíz)

freír aceite

Mezcle la carne y el tocino y sazone con sal y pimienta. Mezclar con el huevo, formar bolitas del tamaño de una nuez y espolvorear con maicena. Calentar el aceite y freír hasta que estén doradas. Escurrir bien antes de servir.

camarones mariposa

Servidor 4

450 g de gambas grandes peladas
15 ml / 1 cucharada de salsa de soja
5 ml / 1 cucharadita de vino de arroz o jerez seco
5 ml / 1 cucharadita de raíz de jengibre picada
2,5 ml / ¬Ω cucharadita de sal
2 huevos batidos
30 ml / 2 cucharadas de harina de maíz (fécula de maíz)
15 ml / 1 cucharada de harina (todo uso).
freír aceite

Corta los camarones a la mitad del muslo y extiéndelos en forma de mariposa. Mezcla salsa de soja, vino o jerez, jengibre y sal. Verter sobre los camarones y marinar por 30 minutos. Retire de la marinada y seque. Bate los huevos con la maicena y la harina hasta obtener una masa y moja los camarones en ella. Calienta el aceite y fríe los camarones hasta que estén dorados. Escurrir bien antes de servir.

camarones chinos

Servidor 4

450 g de gambas peladas
30 ml / 2 cucharadas de salsa Worcestershire
15 ml / 1 cucharada de salsa de soja
15 ml / 1 cucharada de vino de arroz o jerez seco
15 ml / 1 cucharada de azúcar moreno

Coloque los camarones en un tazón. Mezclar los demás ingredientes, verter sobre los camarones y dejar marinar por 30 minutos. Transfiera a una bandeja para hornear y hornee en un horno precalentado a 150¬∞C / 300¬∞F / nivel de gas 2 durante 25 minutos. Sirva tibio o frío con conchas para que los invitados se suban.

nubes de dragón

Servidor 4

100 g de galletas de gambas
freír aceite

Calentar el aceite hasta que esté muy caliente. Agregue un puñado de galletas de gambas a la vez y fríalas durante unos segundos hasta que se inflen. Retirar del aceite y escurrir sobre papel de cocina mientras se fríen las galletas.

camarones crujientes

Servidor 4

450 g de langostinos tigre pelados
15 ml / 1 cucharada de vino de arroz o jerez seco
10 ml / 2 cucharaditas de salsa de soja
5 ml / 1 cucharadita de polvo de cinco especias
sal y pimienta
90 ml / 6 cucharadas de harina de maíz (fécula de maíz)
2 huevos batidos
100 g de pan rallado
aceite de maní para freír

Mezcle los camarones con vino o jerez, salsa de soya y polvo de cinco especias, y sazone con sal y pimienta. Pásalas por la harina de maíz, luego revuélvelas en el huevo batido y el pan rallado. Freír en aceite caliente durante unos minutos hasta que estén dorados, escurrir y servir inmediatamente.

Gambas con salsa de jengibre

Servidor 4

15 ml / 1 cucharada de salsa de soja
5 ml / 1 cucharadita de vino de arroz o jerez seco
5 ml / 1 cucharadita de aceite de sésamo
450 g de gambas peladas
30 ml / 2 cucharadas de perejil fresco picado
15 ml / 1 cucharada de vinagre de vino
5 ml / 1 cucharadita de raíz de jengibre picada

Mezcla salsa de soja, vino o jerez y aceite de sésamo. Verter sobre los camarones, tapar y dejar marinar por 30 minutos. Asa las gambas durante unos minutos hasta que estén bien cocidas y rocíalas con la marinada. Mientras tanto, mezcle el perejil, el vinagre de vino y el jengibre para los camarones.

Rollitos con gambas y fideos

Servidor 4

50 g de pasta al huevo, cortada en trozos
15 ml / 1 cucharada de aceite de cacahuete (maní).
50 g de carne magra de cerdo, finamente picada
100 g de champiñones picados
3 cebolletas (cebolletas), picadas
100 g de camarones pelados, picados
15 ml / 1 cucharada de vino de arroz o jerez seco
sal y pimienta
24 pieles de wonton
1 huevo batido
freír aceite

Hervir los fideos en agua hirviendo durante 5 minutos, luego escurrirlos y cortarlos. Calienta el aceite y fríe el cerdo durante 4 minutos. Agregue los champiñones y la cebolla y saltee durante 2 minutos, luego retire del fuego. Agregue los camarones, el vino o el jerez y los fideos y sazone con sal y pimienta. Vierta la mezcla en el centro de cada caparazón de wonton y pinte los bordes con huevo batido. Dobla los bordes, luego enrolla los envoltorios y sella los bordes. Calentar el aceite y freír los rollos y varios a la vez durante unos 5 minutos hasta que estén dorados. Escurrir sobre papel de cocina antes de servir.

tostadas de camarones

Servidor 4

2 huevos 450 g de gambas peladas y troceadas
15 ml / 1 cucharada de harina de maíz (fécula de maíz)
1 cebolla, finamente picada
30 ml / 2 cucharadas de salsa de soja
15 ml / 1 cucharada de vino de arroz o jerez seco
5 ml / 1 cucharadita de sal
5 ml / 1 cucharadita de raíz de jengibre picada
8 rebanadas de pan cortadas en triángulos
freír aceite

Mezcle 1 huevo con todos los demás ingredientes excepto el pan y el aceite. Vierta la mezcla sobre los triángulos de pan y presione en la cúpula. Pintar con el huevo restante. Caliente aprox. 5 cm de aceite y freír los triángulos de pan hasta que estén dorados. Escurrir bien antes de servir.

Wonton de cerdo y gambas con salsa agridulce

Servidor 4

120 ml / 4 fl oz / ½ taza de agua

60 ml / 4 cucharadas de vinagre de vino

60 ml / 4 cucharadas de azúcar moreno

30 ml / 2 cucharadas de concentrado de tomate (pasta)

10 ml / 2 cucharaditas de harina de maíz (fécula de maíz)

25 g de champiñones picados

25 g de gambas peladas, troceadas

50 g de carne de cerdo magra, picada

2 cebolletas (cebolletas), picadas

5 ml / 1 cucharadita de salsa de soja

2,5 ml / ½ cucharadita de raíz de jengibre rallada

1 diente de ajo, machacado

24 pieles de wonton

freír aceite

Combine el agua, el vinagre de vino, el azúcar, el puré de tomate y la maicena en una cacerola. Lleve a ebullición, revolviendo constantemente, luego cocine por 1 minuto. Retire del fuego y mantenga caliente.

Combine los champiñones, los camarones, la carne de cerdo, la cebolla tierna, la salsa de soya, el jengibre y el ajo. Vierta el relleno en cada caparazón, cepille los bordes con agua y presione para sellar. Calentar el aceite y freír los wontons unos pocos a la vez hasta que estén dorados. Escurrir sobre papel de cocina y servir caliente con salsa agridulce.

Sopa de pollo

Rinde 2 cuartos / 3½ puntos / 8½ tazas

1,5 kg / 2 lb muslos de pollo cocidos o crudos

450 g de hueso de cerdo

1 cm / ½ raíz de jengibre en trozos

3 cebolletas (scallions), en rodajas

1 diente de ajo, machacado

5 ml / 1 cucharadita de sal

2,25 litros / 4pt / 10 vasos de agua

Lleve todos los ingredientes a ebullición, cubra y cocine por 15 minutos. Retire la grasa. Tape y cocine a fuego lento durante 1 hora y media. Filtrar, enfriar y espumar. Congele en porciones pequeñas o refrigere y use dentro de 2 días.

Sopa De Brotes De Cerdo Y Frijoles

Servidor 4

450 g de carne de cerdo picada

1,5 L / 2½ puntos / 6 tazas de caldo de pollo

5 rodajas de raíz de jengibre

350 g de brotes de soja

15 ml / 1 cucharadita de sal

Hervir la carne de cerdo en agua hirviendo durante 10 minutos, luego escurrir. Lleve el caldo a ebullición y agregue la carne de cerdo y el jengibre. Tape y cocine a fuego lento durante 50 minutos. Agregue los brotes de soja y la sal y cocine por 20 minutos.

Sopa de abulón y champiñones

Servidor 4

60 ml / 4 cucharadas de aceite de maní (maní).

100 g de carne magra de cerdo, cortada en tiras

225 g de mejillones en conserva cortados en tiras

100 g de champiñones picados

2 palitos de apio, en rodajas

50 g de jamón, cortado en tiras

2 cebollas, en rodajas

1,5 L / 2½ puntos / 6 tazas de agua

30 ml / 2 cucharadas de vinagre de vino

45 ml / 3 cucharadas de salsa de soja

2 rodajas de raíz de jengibre, picadas

sal y pimienta recién molida

15 ml / 1 cucharada de harina de maíz (fécula de maíz)

45 ml / 3 cucharadas de agua

Calienta el aceite y fríe el cerdo, los mejillones, los champiñones, el apio, el jamón y la cebolla durante 8 minutos. Agregue agua y vinagre de vino, hierva, cubra y cocine por 20 minutos. Agrega la salsa de soja, el jengibre, la sal y la pimienta. Mezcle la maicena hasta obtener una pasta.

de agua, vierta en la sopa y cocine, revolviendo constantemente, durante 5 minutos hasta que la sopa esté clara y espesa.

Sopa de pollo y espárragos

Servidor 4

100 g de pollo picado
2 claras de huevo
2,5 ml / ½ cucharadita de sal
30 ml / 2 cucharadas de harina de maíz (fécula de maíz)
225 g de espárragos cortados en trozos de 5 cm
100 g de brotes de soja
1,5 L / 2½ puntos / 6 tazas de caldo de pollo
100 g de champiñones champiñones

Mezcla el pollo con las claras de huevo, la sal y la maicena y deja reposar por 30 minutos. Cocine el pollo en agua hirviendo durante unos 10 minutos hasta que esté cocido, luego escúrralo bien. Blanquear los espárragos en agua hirviendo durante 2 minutos y luego escurrir. Blanquear los brotes de soja en agua hirviendo durante 3 minutos, luego escurrir. Vierta el caldo en una sartén grande y agregue el pollo, los espárragos, los champiñones y los brotes de soja. Llevar a ebullición y sazonar con sal. Cocine por unos minutos para desarrollar los sabores y hasta que las verduras estén tiernas pero aún crujientes.

Sopa de res

Servidor 4

225 g / 8 oz de carne molida (molida).

15 ml / 1 cucharada de salsa de soja

15 ml / 1 cucharada de vino de arroz o jerez seco

15 ml / 1 cucharada de harina de maíz (fécula de maíz)

1,2 L / 2 puntos / 5 tazas de caldo de pollo

5 ml / 1 cucharadita de salsa de chile

sal y pimienta

2 huevos batidos

6 cebolletas (cebolletas), picadas

Mezclar la carne con salsa de soja, vino o jerez y maicena. Añadir al caldo y llevar a ebullición, revolviendo constantemente. Agregue la salsa picante de frijoles y sazone con sal y pimienta, cubra y cocine a fuego lento durante aprox. 10 minutos con agitación ocasional. Agregue los huevos y sirva espolvoreado con cebolletas.

Sopa china de carne y hojas

Servidor 4

200 g de carne de res magra, cortada en tiras
15 ml / 1 cucharada de salsa de soja
15 ml / 1 cucharada de aceite de cacahuete (maní).
1,5 L / 2½ puntos / 6 tazas de caldo de res
5 ml / 1 cucharadita de sal
2,5 ml / ½ cucharadita de azúcar
½ cabeza de hojas chinas cortadas en trozos

Mezclar la carne con la salsa de soja y el aceite y dejar marinar durante 30 minutos, removiendo de vez en cuando. Llevar a ebullición el caldo con sal y azúcar, añadir las hojas chinas y cocinar a fuego lento durante unos 10 minutos hasta que estén casi cocidas. Agregue la carne y cocine a fuego lento durante otros 5 minutos.

Sopa de repollo

Servidor 4

60 ml / 4 cucharadas de aceite de maní (maní).

2 cebollas, picadas

100 g de carne magra de cerdo, cortada en tiras

225 g de col china rallada

10 ml / 2 cucharaditas de azúcar

1,2 L / 2 puntos / 5 tazas de caldo de pollo

45 ml / 3 cucharadas de salsa de soja

sal y pimienta

15 ml / 1 cucharada de harina de maíz (fécula de maíz)

Calienta el aceite y fríe la cebolla y el cerdo hasta que estén dorados. Agregue el repollo y el azúcar y saltee durante 5 minutos. Agregue el caldo y la salsa de soya y sazone con sal y pimienta. Llevar a ebullición, tapar y cocinar durante 20 minutos. Mezcle la maicena con un poco de agua, agréguela a la sopa y cocine, revolviendo constantemente, hasta que la sopa espese y se vuelva transparente.

Sopa picante de ternera

Servidor 4

45 ml / 3 cucharadas de aceite de maní (maní).

1 diente de ajo, machacado

5 ml / 1 cucharadita de sal

225 g / 8 oz de carne molida (molida).

6 cebolletas (cebolletas), cortadas en tiras

1 pimiento rojo, cortado en tiras

1 pimiento verde, cortado en tiras

225 g de repollo picado

1 L / 1¾pt / 4¼ tazas de caldo de res

30 ml / 2 cucharadas de salsa de ciruelas

30 ml / 2 cucharadas de salsa hoisin

45 ml / 3 cucharadas de salsa de soja

2 piezas de jengibre sin tallo, picado

2 huevos

5 ml / 1 cucharadita de aceite de sésamo

225 g de fideos transparentes remojados

Calienta el aceite y fríe el ajo y la sal hasta que estén dorados. Agregar la carne y sofreír rápidamente. Agregue las verduras y saltee hasta que estén transparentes. Agregar caldo, salsa de ciruela, salsa hoisin, 30ml/2

cucharadas de salsa de soja y jengibre, llevar a ebullición y cocinar durante 10 minutos. Batir los huevos con el aceite de sésamo y la salsa de soja restante. Agregue la sopa de fideos y cocine, revolviendo constantemente, hasta que los huevos formen hilos y los fideos estén tiernos.

sopa celestial

Servidor 4

2 cebolletas (cebolletas), picadas
1 diente de ajo, machacado
30 ml / 2 cucharadas de perejil fresco picado
5 ml / 1 cucharadita de sal
15 ml / 1 cucharada de aceite de cacahuete (maní).
30 ml / 2 cucharadas de salsa de soja
1,5 L / 2½ puntos / 6 tazas de agua

Mezclar las cebolletas, el ajo, el perejil, la sal, el aceite y la salsa de soja. Llevar el agua a ebullición, verter la mezcla de cebollino encima y dejar reposar durante 3 minutos.

Sopa con pollo y brotes de bambú

Servidor 4

2 muslos de pollo

30 ml / 2 cucharadas de aceite de maní.

5 ml / 1 cucharadita de vino de arroz o jerez seco

1,5 L / 2½ puntos / 6 tazas de caldo de pollo

3 cebolletas, en rodajas

100 g de brotes de bambú cortados en trozos

5 ml / 1 cucharadita de raíz de jengibre picada

Sal

Deshuesar el pollo y cortar la carne en cubos. Calienta el aceite y fríe el pollo hasta que se dore por todos lados. Agregue el caldo, las cebolletas, los brotes de bambú y el jengibre, hierva y cocine durante unos 20 minutos hasta que el pollo esté tierno. Sazone con sal antes de servir.

Sopa de pollo y maíz

Servidor 4

1 L / 1¾ pt / 4¼ tazas de caldo de pollo

100 g de carne de pollo, picada

200 g de crema de maíz

corta el jamón, córtalo

huevo roto

15 ml / 1 cucharada de vino de arroz o jerez seco

Lleve a ebullición el caldo y el pollo, cubra y cocine por 15 minutos. Agregue el maíz y el jamón, cubra y cocine a fuego lento durante 5 minutos. Agregue los huevos y el jerez, revolviendo lentamente con un batidor para formar hilos con los huevos. Retire del fuego, cubra y deje reposar durante 3 minutos antes de servir.

Sopa de pollo y jengibre

Servidor 4

4 hongos chinos secos

1,5 L / 2½ puntos / 6 tazas de agua o caldo de pollo

225 g de carne de pollo, cortada en cubos

10 rodajas de raíz de jengibre

5 ml / 1 cucharadita de vino de arroz o jerez seco

Sal

Remoje los champiñones en agua tibia durante 30 minutos, luego escúrralos. Deseche los tallos. Ponga a hervir el agua o el caldo con los demás ingredientes y déjelo cocer unos 20 minutos, hasta que el pollo esté cocido.

Sopa china de pollo con champiñones

Servidor 4

25 g de hongos chinos secos
100 g de pollo picado
50 g de brotes de bambú picados
30 ml / 2 cucharadas de salsa de soja
30 ml / 2 cucharadas de vino de arroz o jerez seco
1,2 L / 2 puntos / 5 tazas de caldo de pollo

Remoje los champiñones en agua tibia durante 30 minutos, luego escúrralos. Retire los tallos y corte las puntas. Blanquear los champiñones, el pollo y los brotes de bambú en agua hirviendo durante 30 segundos, luego escurrir. Colóquelos en un bol y mézclelos con la salsa de soja y el vino o el jerez. Dejar marinar durante 1 hora. Lleve el caldo a ebullición, agregue la mezcla de pollo y la marinada. Mezcle bien y cocine por unos minutos hasta que el pollo esté bien cocido.

sopa de pollo y arroz

Servidor 4

1 L / 1¾ pt / 4¼ tazas de caldo de pollo

225 g / 8 oz / 1 taza de arroz de grano largo cocido

100 g de pollo hervido, cortado en tiras

1 cebolla, picada

5 ml / 1 cucharadita de salsa de soja

Calentar todos los ingredientes juntos hasta que la sopa hierva.

sopa de pollo y coco

Servidor 4

350 g de pechuga de pollo

Sal

10 ml / 2 cucharaditas de harina de maíz (fécula de maíz)

30 ml / 2 cucharadas de aceite de maní.

1 chile verde, picado

1 L / 1¾pt / 4¼ tazas de leche de coco

5 ml / 1 cucharadita de ralladura de limón

12 lichis

una pizca de nuez moscada rallada

sal y pimienta recién molida

2 hojas de toronjil

Cortar la pechuga de pollo en diagonal desde el queso parmesano en tiras. Espolvorear con sal y espolvorear con maicena. Caliente 10 ml / 2 cucharaditas de aceite en un wok, gire y vierta. Repita una vez más. Calentar el aceite restante y freír el pollo y la guindilla durante 1 minuto. Añadir la leche de coco y llevar a ebullición. Agregue la ralladura de limón y cocine a fuego lento durante 5 minutos. Agregue lichi, sazone con nuez moscada, sal y pimienta y sirva adornado con melisa.

sopa de mejillones

Servidor 4

2 hongos chinos secos
12 almejas, remojadas y fregadas
1,5 L / 2½ puntos / 6 tazas de caldo de pollo
50 g de brotes de bambú picados
50 g de guisantes dulces cortados por la mitad
2 cebollines (scallions), cortados en ruedas
15 ml / 1 cucharada de vino de arroz o jerez seco
una pizca de pimienta recién molida

Remoje los champiñones en agua tibia durante 30 minutos, luego escúrralos. Retire los tallos y corte las tapas por la mitad. Cueza al vapor las almejas durante unos 5 minutos, hasta que se abran; desechar las que quedan cerradas. Retire las almejas de sus caparazones. Lleve el caldo a ebullición y agregue los champiñones, los brotes de bambú, los guisantes y las cebolletas. Cocine sin tapar durante 2 minutos. Agregue las almejas, el vino o el jerez y la pimienta y cocine hasta que se caliente por completo.

sopa de huevo

Servidor 4

1,2 L / 2 puntos / 5 tazas de caldo de pollo
3 huevos batidos
45 ml / 3 cucharadas de salsa de soja
sal y pimienta recién molida
4 cebolletas, en rodajas

Llevar el caldo a ebullición. Batir los huevos batidos poco a poco para separarlos en hebras. Agregue la salsa de soya y sazone con sal y pimienta. Servir adornado con cebollino.

Sopa de cangrejo y vieiras

Servidor 4

4 hongos chinos secos

15 ml / 1 cucharada de aceite de cacahuete (maní).

1 huevo batido

1,5 L / 2½ puntos / 6 tazas de caldo de pollo

175 g de carne de cangrejo desmenuzada

100 g de mejillones sin cáscara, cortados en rodajas

100 g de brotes de bambú, cortados en rodajas

2 cebolletas (cebolletas), picadas

1 rodaja de raíz de jengibre, picada

unas gambas cocidas y peladas (opcional)

45 ml / 3 cucharadas de harina de maíz (fécula de maíz)

90 ml / 6 cucharadas de agua

30 ml / 2 cucharadas de vino de arroz o jerez seco

20 ml / 4 cucharaditas de salsa de soja

2 claras de huevo

Remoje los champiñones en agua tibia durante 30 minutos, luego escúrralos. Retire los tallos y corte en rodajas finas. Caliente el aceite, agregue el huevo e incline la sartén para que el huevo cubra el fondo. crecer colar, dar la vuelta y freír por el otro lado. Retirar de la sartén, enrollar y cortar en tiras finas.

Lleve el caldo a ebullición, agregue los champiñones, los fideos de huevo, la carne de cangrejo, los mejillones, los brotes de bambú, las cebolletas, el jengibre y posiblemente los camarones. Traer de vuelta a ebullición. Mezcle la maicena con 60 ml / 4 cucharadas de agua, vino o jerez y salsa de soja y mezcle con la sopa. Cocine a fuego lento, revolviendo, hasta que la sopa espese. Bate las claras de huevo con el agua restante hasta que estén firmes y vierte lentamente la mezcla en la sopa mientras revuelves vigorosamente.

sopa de cangrejo

Servidor 4

90 ml / 6 cucharadas de aceite de maní.

3 cebollas, picadas

225 g de carne de cangrejo blanco y marrón

1 rodaja de raíz de jengibre, picada

1,2 L / 2 puntos / 5 tazas de caldo de pollo

150 ml / ¼ pt / copa de vino de arroz o jerez seco

45 ml / 3 cucharadas de salsa de soja

sal y pimienta recién molida

Calienta el aceite y fríe la cebolla hasta que esté blanda, pero no dorada. Agregue la carne de cangrejo y el jengibre y saltee durante 5 minutos. Agregue caldo, vino o jerez y salsa de soya, sazone con sal y pimienta. Llevar a ebullición y luego cocine a fuego lento durante 5 minutos.

Sopa de pescado

Servidor 4

225 g de filete de pescado
1 rodaja de raíz de jengibre, picada
15 ml / 1 cucharada de vino de arroz o jerez seco
30 ml / 2 cucharadas de aceite de maní.
1,5 L / 2½ puntos / 6 tazas de caldo de pescado

Cortar el pescado en tiras finas contra la piel. Mezclar el jengibre, el vino o jerez y el aceite, añadir el pescado y mezclar suavemente. Deje marinar durante 30 minutos, revolviendo ocasionalmente. Llevar el caldo a ebullición, agregar el pescado y dejar hervir por 3 minutos.

Sopa de pescado y ensalada

Servidor 4

225 g de filete de pescado blanco
30 ml / 2 cucharadas de harina (todo uso).
sal y pimienta recién molida
90 ml / 6 cucharadas de aceite de maní.
6 cebolletas (cebolletas), en rodajas
100 g de lechuga picada
1,2 l / 2pt / 5 tazas de agua
10 ml / 2 cucharaditas de raíz de jengibre finamente picada
150 ml / ¼ pt / ½ copa generosa de vino de arroz o jerez seco
30 ml / 2 cucharadas de harina de maíz (fécula de maíz)
30 ml / 2 cucharadas de perejil fresco picado
10 ml / 2 cucharaditas de jugo de limón
30 ml / 2 cucharadas de salsa de soja

Cortar el pescado en tiras finas y luego pasar por harina sazonada. Calienta el aceite y fríe la cebolla tierna hasta que esté blanda. Añadir la ensalada y saltear durante 2 minutos. Agregue el pescado y cocine por 4 minutos. Añadir el agua, el jengibre y el vino o jerez, llevar a ebullición, tapar y cocinar durante 5 minutos. Mezclar la maicena con un poco de agua y luego agregar a la sopa. Cocine a fuego lento, revolviendo, durante otros 4 minutos, hasta que la sopa espese.

enjuague y sazone con sal y pimienta. Servir espolvoreado con perejil, jugo de limón y salsa de soya.

Sopa de jengibre con albóndigas

Servidor 4

5 cm / 2 piezas de raíz de jengibre, rallada

350 g de azúcar moreno

1,5 L / 2½ puntos / 7 tazas de agua

225 g / 8 oz / 2 tazas de harina de arroz

2,5 ml / ½ cucharadita de sal

60 ml / 4 cucharadas de agua

Coloque el jengibre, el azúcar y el agua en una cacerola y hierva, revolviendo constantemente. Tape y cocine por unos 20 minutos. Colar la sopa y devolverla a la olla.

Mientras tanto, pon la harina y la sal en un bol y mézclalo poco a poco con suficiente agua para hacer una masa espesa. Forme bolas y vierta los ñoquis en la sopa. Vuelva a hervir la sopa, cubra y cocine por otros 6 minutos hasta que los ñoquis estén cocidos.

sopa caliente y amarga

Servidor 4

8 hongos chinos secos

1 L / 1¾ pt / 4¼ tazas de caldo de pollo

100 g de carne de pollo, cortada en tiras

100 g de brotes de bambú cortados en tiras

100 g de tofu, cortado en tiras

15 ml / 1 cucharada de salsa de soja

30 ml / 2 cucharadas de vinagre de vino

30 ml / 2 cucharadas de harina de maíz (fécula de maíz)

2 huevos batidos

unas gotas de aceite de sésamo

Remoje los champiñones en agua tibia durante 30 minutos, luego escúrralos. Retire los tallos y corte los sombreros en tiras. Hierva los champiñones, el caldo, el pollo, los brotes de bambú y el tofu, cubra y cocine a fuego lento durante 10 minutos. Licúa la salsa de soya, el vinagre de vino y la maicena hasta que quede suave, agrega a la sopa y cocina por 2 minutos hasta que la sopa esté clara. Agregar poco a poco los huevos y el aceite de sésamo, mezclando con un palito. Cubra y deje reposar durante 2 minutos antes de servir.

Sopa de champiñones

Servidor 4

15 hongos chinos secos

1,5 L / 2½ puntos / 6 tazas de caldo de pollo

5 ml / 1 cucharadita de sal

Remojar los champiñones en agua tibia durante 30 minutos y luego escurrir, reservando el líquido. Retire los tallos y corte las tapas por la mitad si son grandes y colóquelas en un recipiente grande resistente al calor. Coloque el recipiente sobre una rejilla en la vaporera. Llevar el caldo a ebullición, cubrir con champiñones, tapar y cocinar durante 1 hora en agua hirviendo. Sazonar con sal y servir.

Sopa de champiñones y col

Servidor 4

25 g de hongos chinos secos

15 ml / 1 cucharada de aceite de cacahuete (maní).

50 g / 2 oz de hojas chinas picadas

15 ml / 1 cucharada de vino de arroz o jerez seco

15 ml / 1 cucharada de salsa de soja

1,2 L / 2 puntos / 5 tazas de caldo de pollo o de verduras

sal y pimienta recién molida

5 ml / 1 cucharadita de aceite de sésamo

Remoje los champiñones en agua tibia durante 30 minutos, luego escúrralos. Retire los tallos y corte las puntas. Calienta el aceite y fríe los champiñones y las hojas chinas durante 2 minutos hasta que estén bien cubiertos. Desglasar con vino o jerez y salsa de soja, luego agregar el caldo. Llevar a ebullición, sazonar con sal y pimienta y cocinar durante 5 minutos. Pincelar con aceite de sésamo antes de servir.

Sopa de huevo con champiñones

Servidor 4

1 L / 1¾ pt / 4¼ tazas de caldo de pollo

30 ml / 2 cucharadas de harina de maíz (fécula de maíz)

100 g de champiñones picados

1 cebolla finamente picada

pizca de sal

3 gotas de aceite de sésamo

2,5 ml / ½ cucharadita de salsa de soja

1 huevo batido

Mezcle un poco del caldo con la maicena, luego mezcle todos los ingredientes excepto el huevo. Llevar a ebullición, tapar y cocinar durante 5 minutos. Agregue el huevo, revolviendo constantemente con un palo, para formar hilos con el huevo. Retire del fuego y deje reposar durante 2 minutos antes de servir.

Sopa de setas y castañas con agua

Servidor 4

1 l / 1¾ pt / 4¼ tazas de caldo de verduras o agua
2 cebollas, finamente picadas
5 ml / 1 cucharadita de vino de arroz o jerez seco
30 ml / 2 cucharadas de salsa de soja
225 g de champiñones
100 g de castañas de agua cortadas en rodajas
100 g de brotes de bambú, cortados en rodajas
unas gotas de aceite de sésamo
2 hojas de lechuga, cortadas en trozos
2 cebolletas (cebolletas), cortadas en trozos

Llevar a ebullición el agua, la cebolla, el vino o jerez y la salsa de soja, tapar y cocinar durante 10 minutos. Agregue los champiñones, las castañas de agua y los brotes de bambú, cubra y cocine a fuego lento durante 5 minutos. Agrega el aceite de sésamo, las hojas de lechuga y la cebolla tierna, retira del fuego, tapa y deja reposar por 1 minuto antes de servir.

Sopa de cerdo y champiñones

Servidor 4

60 ml / 4 cucharadas de aceite de maní (maní).

1 diente de ajo, machacado

2 cebollas, en rodajas

225 g de carne magra de cerdo, cortada en tiras

1 tallo de apio, picado

50 g de champiñones picados

2 zanahorias, en rodajas

1,2 L / 2 puntos / 5 tazas de caldo de res

15 ml / 1 cucharada de salsa de soja

sal y pimienta recién molida

15 ml / 1 cucharada de harina de maíz (fécula de maíz)

Calienta el aceite y fríe el ajo, la cebolla y el cerdo hasta que la cebolla esté suave y ligeramente dorada. Agrega el apio, los champiñones y las zanahorias, tapa y cocina por 10 minutos. Lleve el caldo a ebullición, luego agréguelo a la sartén con la salsa de soya y sazone con sal y pimienta. Mezcle la maicena con un poco de agua, luego vierta en la sartén y cocine, revolviendo constantemente, durante unos 5 minutos.

Sopa de cerdo y berros

Servidor 4

1,5 L / 2½ puntos / 6 tazas de caldo de pollo
100 g de carne magra de cerdo, cortada en tiras
3 tallos de apio, cortados en diagonal
2 cebolletas (cebolletas), en rodajas
1 manojo de berros
5 ml / 1 cucharadita de sal

Lleve el caldo a ebullición, agregue la carne de cerdo y el apio, cubra y cocine por 15 minutos. Agregue las cebolletas, los berros y la sal y déjelos hervir a fuego lento sin tapar durante unos 4 minutos.

Sopa De Pepino De Cerdo

Servidor 4

100 g de carne magra de cerdo, cortada en rodajas finas
5 ml / 1 cucharadita de harina de maíz (fécula de maíz)
15 ml / 1 cucharada de salsa de soja
15 ml / 1 cucharada de vino de arroz o jerez seco
1 pepino
1,5 L / 2½ puntos / 6 tazas de caldo de pollo
5 ml / 1 cucharadita de sal

Mezcle la carne de cerdo, la maicena, la salsa de soya y el vino o jerez. Revuelva para cubrir el cerdo. Pele y corte el pepino por la mitad a lo largo, luego retire las semillas. Cortar en rodajas gruesas. Lleve el caldo a ebullición, agregue la carne de cerdo, cubra y cocine por 10 minutos. Agregue el pepino y cocine por unos minutos hasta que esté transparente. Agregue sal y agregue un poco de soya si lo desea.

Sopa con albóndigas y fideos

Servidor 4

50 g de fideos de arroz

225 g de carne picada de cerdo (picada).

5 ml / 1 cucharadita de harina de maíz (fécula de maíz)

2,5 ml / ½ cucharadita de sal

30 ml / 2 cucharadas de agua

1,5 L / 2½ puntos / 6 tazas de caldo de pollo

1 cebolla tierna (cebollín), finamente picada

5 ml / 1 cucharadita de salsa de soja

Mientras prepara las albóndigas, remoje los fideos en agua fría. Mezclar la carne de cerdo, la maicena, un poco de sal y agua y formar bolitas del tamaño de una nuez. Lleve la olla de agua a ebullición, agregue las bolas de cerdo, cubra y cocine a fuego lento durante 5 minutos. Escurrir bien y escurrir los fideos. Lleve el caldo a ebullición, agregue las bolas de cerdo y los fideos, cubra y cocine a fuego lento durante 5 minutos. Agregue la cebolla tierna, la salsa de soya y la sal restante y cocine a fuego lento durante otros 2 minutos.

Sopa de espinacas y tofu

Servidor 4

1,2 L / 2 puntos / 5 tazas de caldo de pollo
200 g de tomates enlatados, escurridos y picados
225 g de tofu cortado en dados
225 g de espinacas picadas
30 ml / 2 cucharadas de salsa de soja
5 ml / 1 cucharadita de azúcar moreno
sal y pimienta recién molida

Lleve el caldo a ebullición, luego agregue los tomates, el tofu y las espinacas y revuelva suavemente. Llevar a ebullición y cocinar durante 5 minutos. Agregue la salsa de soya y el azúcar y sazone con sal y pimienta. Hervir durante 1 minuto antes de servir.

Jus de maíz dulce y cangrejo

Servidor 4

1,2 L / 2 puntos / 5 tazas de caldo de pollo
200 g de maíz dulce
sal y pimienta recién molida
1 huevo batido
200 g de carne de cangrejo desmenuzada
3 chalotes, picados

Llevar el caldo a ebullición, agregar el maíz y sazonar con sal y pimienta. Cocine a fuego lento durante 5 minutos. Justo antes de servir, rompe el huevo con un tenedor y revuélvelo en la sopa. Sirva cubierto con carne de cangrejo y chalotes picados.

Sopa Szechuan

Servidor 4

4 hongos chinos secos

1,5 L / 2½ puntos / 6 tazas de caldo de pollo

75 ml / 5 cucharadas de vino blanco seco

15 ml / 1 cucharada de salsa de soja

2,5 ml / ½ cucharadita de salsa picante

30 ml / 2 cucharadas de harina de maíz (fécula de maíz)

60 ml / 4 cucharadas de agua

100 g de carne magra de cerdo, cortada en tiras

50 g de jamón cocido cortado en tiras

1 pimiento rojo, cortado en tiras

50 g de castañas de agua cortadas en rodajas

10 ml / 2 cucharaditas de vinagre de vino

5 ml / 1 cucharadita de aceite de sésamo

1 huevo batido

100 g de gambas peladas

6 cebolletas (cebolletas), picadas

175 g de tofu cortado en dados

Remoje los champiñones en agua tibia durante 30 minutos, luego escúrralos. Retire los tallos y corte las puntas. Trae caldo, vino, soya

Salsa y salsa de chile a hervir, tape y cocine por 5 minutos. Mezcle la maicena con la mitad del agua y agregue a la sopa y revuelva hasta que espese. Agregue los champiñones, la carne de cerdo, el jamón, la pimienta y las castañas de agua y cocine por 5 minutos. Mezclar el vinagre de vino y el aceite de sésamo. Bate los huevos con el agua restante y vierte en la sopa mientras revuelves enérgicamente. Agregue las gambas, las cebolletas y el tofu y cocine durante unos minutos para que se calienten.

sopa de tofu

Servidor 4

1,5 L / 2½ puntos / 6 tazas de caldo de pollo

225 g de tofu cortado en dados

5 ml / 1 cucharadita de sal

5 ml / 1 cucharadita de salsa de soja

Llevar el caldo a ebullición y añadir el tofu, la sal y la salsa de soja. Cocine por unos minutos hasta que el tofu esté tibio.

Sopa de pescado y tofu

Servidor 4

225 g de filetes de pescado blanco cortado en tiras

150 ml / ¼ pt / ½ copa generosa de vino de arroz o jerez seco

10 ml / 2 cucharaditas de raíz de jengibre finamente picada

45 ml / 3 cucharadas de salsa de soja

2,5 ml / ½ cucharadita de sal

60 ml / 4 cucharadas de aceite de maní (maní).

2 cebollas, picadas

100 g de champiñones picados

1,2 L / 2 puntos / 5 tazas de caldo de pollo

100 g de tofu cortado en cubitos

sal y pimienta recién molida

Coloque el pescado en un tazón. Mezclar el vino o jerez, el jengibre, la salsa de soja y la sal y verter sobre el pescado. Dejar marinar durante 30 minutos. Calentar el aceite y sofreír la cebolla durante 2 minutos. Agregue los champiñones y continúe salteando hasta que las cebollas estén suaves pero no doradas. Agrega el pescado y la marinada, lleva a ebullición, tapa y cocina por 5 minutos. Agregar el caldo, llevar a ebullición, tapar y cocinar por 15 minutos. Agregue el tofu y sazone con sal y pimienta. Cocine hasta que el tofu esté cocido.

sopa de tomate

Servidor 4

400 g de tomates enlatados, escurridos y troceados

1,2 L / 2 puntos / 5 tazas de caldo de pollo

1 rodaja de raíz de jengibre, picada

15 ml / 1 cucharada de salsa de soja

15 ml / 1 cucharada de salsa picante

10 ml / 2 cucharaditas de azúcar

Poner todos los ingredientes en una cacerola y llevar a ebullición, revolviendo ocasionalmente. Hervir durante unos 10 minutos antes de servir.

Sopa de tomate y espinacas

Servidor 4

1,2 L / 2 puntos / 5 tazas de caldo de pollo
225 g de tomates picados en lata
225 g de tofu cortado en dados
225 g de espinacas
30 ml / 2 cucharadas de salsa de soja
sal y pimienta recién molida
2,5 ml / ½ cucharadita de azúcar
2,5 ml / ½ cucharadita de vino de arroz o jerez seco

Lleve el caldo a ebullición, agregue los tomates, el tofu y las espinacas y hierva durante 2 minutos. Agregue los ingredientes restantes y cocine por 2 minutos, luego mezcle bien y sirva.

sopa de nabo

Servidor 4

1 L / 1¾ pt / 4¼ tazas de caldo de pollo
1 nabo grande, en rodajas finas
200 g de carne magra de cerdo, en rodajas finas
15 ml / 1 cucharada de salsa de soja
60 ml / 4 cucharadas de brandy
sal y pimienta recién molida
4 chalotes, finamente picados

Llevar el caldo a ebullición, añadir el nabo y la carne de cerdo, tapar y cocinar a fuego lento durante 20 minutos hasta que el nabo esté blando y la carne esté cocida. Mezcle la salsa de soya y el brandy al gusto. Cocine hasta que esté tibio y sirva espolvoreado con chalotes.

Sopa

Servidor 4

6 hongos chinos secos
1 l / 1¾ pt / 4¼ tazas de caldo de verduras
50 g de brotes de bambú cortados en tiras
50 g de castañas de agua cortadas en rodajas
8 chips, cortados en rebanadas
5 ml / 1 cucharadita de salsa de soja

Remoje los champiñones en agua tibia durante 30 minutos, luego escúrralos. Retire los tallos y corte los sombreros en tiras. Añádelos al caldo con los brotes de bambú y las castañas de agua y lleva a ebullición, tapa y cocina durante 10 minutos. Agregue los guisantes y la salsa de soya, cubra y cocine a fuego lento durante 2 minutos. Deje reposar durante 2 minutos antes de servir.

sopa vegetariana

Servidor 4

¼ de repollo

2 zanahorias

3 tallos de apio

2 cebolletas (cebolletas)

30 ml / 2 cucharadas de aceite de maní.

1,5 L / 2½ puntos / 6 tazas de agua

15 ml / 1 cucharada de salsa de soja

15 ml / 1 cucharada de vino de arroz o jerez seco

5 ml / 1 cucharadita de sal

pimienta recién molida

Cortar las verduras en tiras. Calienta el aceite y fríe las verduras durante 2 minutos hasta que empiecen a ablandarse. Agregue los ingredientes restantes, hierva, cubra y cocine por 15 minutos.

sopa de berro

Servidor 4

1 L / 1¾ pt / 4¼ tazas de caldo de pollo
1 cebolla, finamente picada
1 hoja de apio, finamente picada
225 g de berros, picados en trozos grandes
sal y pimienta recién molida

Llevar a ebullición el caldo, la cebolla y el apio, tapar y cocinar durante 15 minutos. Agrega los berros, tapa y cocina por 5 minutos. Condimentar con sal y pimienta.

pescado frito con verduras

Servidor 4

4 hongos chinos secos

4 pescados enteros, limpios y sin escamas

freír aceite

30 ml / 2 cucharadas de harina de maíz (fécula de maíz)

45 ml / 3 cucharadas de aceite de maní (maní).

100 g de brotes de bambú cortados en tiras

50 g de castañas de agua cortadas en tiras

50 g de col china picada

2 rodajas de raíz de jengibre, picadas

30 ml / 2 cucharadas de vino de arroz o jerez seco

30 ml / 2 cucharadas de agua

15 ml / 1 cucharada de salsa de soja

5 ml / 1 cucharadita de azúcar

120 ml / 4 fl oz / ¬Ω taza de caldo de pescado

sal y pimienta recién molida

¬Ω cabeza de lechuga, rallada

15 ml / 1 cucharada de perejil de hoja plana picado

Remoje los champiñones en agua tibia durante 30 minutos, luego escúrralos. Retire los tallos y corte las puntas. Espolvorear el pescado en el medio

harina de maíz y sacuda el exceso. Calienta el aceite y fríe el pescado durante unos 12 minutos hasta que esté cocido. Escurrir sobre papel de cocina y reservar en caliente.

Calienta el aceite y fríe los champiñones, los brotes de bambú, las castañas de agua y la col durante 3 minutos. Añadir el jengibre, el vino o el jerez, 15 ml / 1 cucharada de agua, la salsa de soja y el azúcar y saltear durante 1 minuto. Agregue el caldo, la sal y la pimienta, hierva, cubra con una tapa y cocine a fuego lento durante 3 minutos. Mezcle la maicena con el agua restante, vierta en la sartén y cocine a fuego lento, revolviendo constantemente, hasta que la salsa espese. Extienda la ensalada en un plato para servir y coloque el pescado sobre ella. Verter sobre las verduras y la salsa y servir adornado con perejil.

pescado entero al horno

Servidor 4

1 lubina grande o pescado similar

45 ml / 3 cucharadas de harina de maíz (fécula de maíz)

45 ml / 3 cucharadas de aceite de maní (maní).

1 cebolla picada

2 dientes de ajo, picados

50 g de jamón, cortado en tiras

100 g de gambas peladas

15 ml / 1 cucharada de salsa de soja

15 ml / 1 cucharada de vino de arroz o jerez seco

5 ml / 1 cucharadita de azúcar

5 ml / 1 cucharadita de sal

Cubre el pescado con maicena. Calienta el aceite y fríe la cebolla y el ajo hasta que estén dorados. Añadir el pescado y freír hasta que esté dorado por ambos lados. Transfiera el pescado al papel de aluminio en una fuente para horno y adorne con jamón y camarones. Agregue la salsa de soja, el vino o el jerez, el azúcar y la sal a la sartén y mezcle bien. Vierta sobre el pescado, cierre el papel aluminio y hornee en un horno precalentado a 150¬∞C / 300¬∞F / nivel de gas 2 durante 20 minutos.

pescado de soja al vapor

Servidor 4

1 lubina grande o pescado similar

Sal

50 g / 2 oz / ¬Ω taza de harina para todo uso.

60 ml / 4 cucharadas de aceite de maní (maní).

3 rebanadas de raíz de jengibre, picadas

3 cebolletas (cebolletas), picadas

250 ml / 8 fl oz / 1 taza de agua

45 ml / 3 cucharadas de salsa de soja

15 ml / 1 cucharada de vino de arroz o jerez seco

2,5 ml / ¬Ω cucharadita de azúcar

Limpiar, pelar y cortar el pescado en diagonal por ambos lados. Espolvorear con sal y dejar actuar durante 10 minutos. Calentar el aceite y freír el pescado hasta que esté dorado por ambos lados, dar la vuelta una vez y rociar con aceite durante la fritura. Añadir el jengibre, la cebolleta, el agua, la salsa de soja, el vino o el jerez y el azúcar, llevar a ebullición, tapar y cocinar durante 20 minutos hasta que el pescado esté cocido. Servir tibio o frío.

Pescado de soja con salsa de ostras

Servidor 4

1 lubina grande o pescado similar

Sal

60 ml / 4 cucharadas de aceite de maní (maní).

3 cebolletas (cebolletas), picadas

2 rodajas de raíz de jengibre, picadas

1 diente de ajo, machacado

45 ml / 3 cucharadas de salsa de ostras

30 ml / 2 cucharadas de salsa de soja

5 ml / 1 cucharadita de azúcar

250 ml / 8 fl oz / 1 taza de caldo de pescado

Limpiar, pelar y pinchar el pescado en diagonal varias veces por cada lado. Espolvorear con sal y dejar actuar durante 10 minutos. Calienta la mayor parte del aceite y fríe el pescado hasta que esté dorado por ambos lados, volteándolo una vez. Mientras tanto, calienta el aceite restante en una sartén aparte y fríe la cebolla tierna, el jengibre y el ajo hasta que estén dorados. Añadir la salsa de ostras, la salsa de soja y el azúcar y saltear durante 1 minuto. Verter el caldo y llevar a ebullición. Verter la mezcla en el dorado, llevar a ebullición, tapar y dejar reposar aprox.

15 minutos hasta que el pescado esté bien cocido, volteándolo una o dos veces durante la cocción.

lubina al vapor

Servidor 4

1 lubina grande o pescado similar
2,25 l / 4 piezas / 10 vasos de agua
3 rebanadas de raíz de jengibre, picadas
15 ml / 1 cucharadita de sal
15 ml / 1 cucharada de vino de arroz o jerez seco
30 ml / 2 cucharadas de aceite de maní.

Limpiar el pescado, pelarlo y hacer varios cortes diagonales por ambos lados. Lleva el agua a ebullición en una olla grande y agrega los demás ingredientes. Sumergir el pescado en agua, tapar bien, apagar el fuego y dejar reposar por 30 minutos hasta que el pescado esté cocido.

Pescado guisado con champiñones

Servidor 4

4 hongos chinos secos

1 carpa grande o pescado similar

Sal

45 ml / 3 cucharadas de aceite de maní (maní).

2 cebolletas (cebolletas), picadas

1 rodaja de raíz de jengibre, picada

3 dientes de ajo picados

100 g de brotes de bambú cortados en tiras

250 ml / 8 fl oz / 1 taza de caldo de pescado

30 ml / 2 cucharadas de salsa de soja

15 ml / 1 cucharada de vino de arroz o jerez seco

2,5 ml / ¬Ω cucharadita de azúcar

Remoje los champiñones en agua tibia durante 30 minutos, luego escúrralos. Retire los tallos y corte las puntas. Cortar el pescado en diagonal varias veces por ambos lados, espolvorear con sal y dejar reposar durante 10 minutos. Calienta el aceite y fríe el pescado hasta que esté dorado por ambos lados. Agregue la cebolla tierna, el jengibre y el ajo y saltee durante 2 minutos. Agregar los demás ingredientes, llevar a ebullición, tapar

y cocine por 15 minutos hasta que el pescado esté completamente cocido, volteando una o dos veces y revolviendo ocasionalmente.

pescado agridulce

Servidor 4

1 lubina grande o pescado similar

1 huevo batido

50 g de harina de maíz (fécula de maíz)

freír aceite

Para la salsa:

15 ml / 1 cucharada de aceite de cacahuete (maní).

1 pimiento verde, cortado en tiras

100 g de piña enlatada en almíbar

1 cebolla, picada

100 g / 4 oz / ¬Ω taza de azúcar moreno

60 ml / 4 cucharadas de caldo de pollo

60 ml / 4 cucharadas de vinagre de vino

15 ml / 1 cucharada de pasta de tomate (pasta)

15 ml / 1 cucharada de harina de maíz (fécula de maíz)

15 ml / 1 cucharada de salsa de soja

3 cebolletas (cebolletas), picadas

Limpia el pescado y quita las aletas y la cabeza si lo deseas. Verter sobre el huevo batido y luego la maicena. Calienta el aceite y fríe el pescado hasta que esté cocido. Escurrir bien y mantener caliente.

Calentar el aceite para la salsa y sofreír el pimiento, la piña escurrida y la cebolla durante 4 minutos. Agregue 30 ml / 2 cucharadas de sirope de piña, azúcar, caldo, vinagre de vino, pasta de tomate, maicena y salsa de soja y deje hervir, revolviendo constantemente. Cocine a fuego lento, revolviendo, hasta que la salsa esté clara y espesa. Verter sobre el pescado y servir espolvoreado con cebolletas.

pescado relleno de cerdo

Servidor 4

1 carpa grande o pescado similar

Sal

100 g de carne de cerdo picada (picada).

1 cebolla tierna (cebollín), picada

4 rodajas de raíz de jengibre, picadas

15 ml / 1 cucharada de harina de maíz (fécula de maíz)

60 ml / 4 cucharadas de salsa de soja

15 ml / 1 cucharada de vino de arroz o jerez seco

5 ml / 1 cucharadita de azúcar

75 ml / 5 cucharadas de aceite de maní.

2 dientes de ajo, picados

1 cebolla, picada

300 ml / ¬Ω pt / 1¬° tazas de agua

Limpiar, pelar y espolvorear el pescado con sal. Mezclar la carne de cerdo, la cebolleta, un poco de jengibre, la maicena, 15 ml / 1 cucharada de salsa de soja, el vino o jerez y el azúcar y utilizar para rellenar el pescado. Caliente el aceite y fría el pescado hasta que esté dorado por ambos lados, luego retírelo de la sartén y escurra la mayor parte del aceite. Agregue el ajo y el jengibre restantes y saltee hasta que estén dorados.

Agrega el resto de la salsa de soya y el agua, lleva a ebullición y cocina por 2 minutos. Regrese el pescado a la sartén, cubra y cocine durante unos 30 minutos hasta que el pescado esté bien cocido, volteándolo una o dos veces.

Carpa picante al vapor

Servidor 4

1 carpa grande o pescado similar
150 ml / ¬° pt / taza grande ¬Ω de aceite de cacahuete (maní).
15 ml / 1 cucharada de azúcar
2 dientes de ajo, finamente picados
100 g de brotes de bambú, cortados en rodajas
150 ml / ¬° pt / buena ¬Ω taza de caldo de pescado
15 ml / 1 cucharada de vino de arroz o jerez seco
15 ml / 1 cucharada de salsa de soja
2 cebolletas (cebolletas), picadas
1 rodaja de raíz de jengibre, picada
15 ml / 1 cucharada de vinagre de vino salado

Limpia y quita las escamas del pescado y déjalo en remojo en agua fría durante varias horas. Escurra y seque, luego marque cada lado varias veces. Calienta el aceite y fríe el pescado hasta que esté dorado por ambos lados. Retire de la sartén y vierta, reservando todo menos 30ml/2 cucharadas de aceite. Agregue el azúcar a la sartén y revuelva hasta que se oscurezca. Agregue el ajo y los brotes de bambú y mezcle bien. Agregue los ingredientes restantes, hierva, luego regrese el pescado a la sartén, cubra y cocine por unos 15 minutos hasta que el pescado esté bien cocido.

Coloque el pescado en un recipiente tibio y vierta la salsa sobre él.

www.ingramcontent.com/pod-product-compliance
Lightning Source LLC
Chambersburg PA
CBHW070412120526
44590CB00014B/1364